U0596541

怡栗集

2

经营与智慧

丹　蕨　著

中国出版集团 东方出版中心

图书在版编目（CIP）数据

经营与智慧 / 丹蕨著. -- 上海：东方出版中心，
2025. 1. -- (恂栗集). -- ISBN 978-7-5473-2659-6

I. F272.3

中国国家版本馆CIP数据核字第2024E2N157号

经营与智慧

著　　者	丹　蕨	
策划编辑	张　宇	
责任编辑	朱荣所	
封面设计	钟　颖	

出 版 人　陈义望
出版发行　东方出版中心
地　　址　上海市仙霞路345号
邮政编码　200336
电　　话　021-62417400
印 刷 者　上海盛通时代印刷有限公司

开　　本　890mm×1240mm 1/32
印　　张　10.75
字　　数　228千字
版　　次　2025年1月第1版
印　　次　2025年1月第1次印刷
定　　价　90.00元

独　白
——序非序

　　《恂栗集》即将付梓，这才想起要给它写个"序"，给读者一个交代。我为这部零星的感悟集起名"恂栗"，这个词是从《大学》里借来的，之所以起这个名字，是想以此表达这里的每一条感悟并不像目录条目那样看似平庸、随意！

　　这里汇集的是我多年的零星感悟，时间跨度较大，如何为它写一篇恰当的序？我实在找不到合适的方法，于是就以独白的方式絮叨一下其中思维模式的"成分"、特点以及它们跟我人生经历的关系。

一

　　岁月匆匆，一晃就老了。我做过企业的当家人，也当过二十多年商学院的客座教授，而在更长的时间里我是一名咨询顾问，并且我曾同时从事这三种职业。也许这三种职业我做得都不够出色，但它们仨的组合确实为我提供了得天独厚的机会，这让我有机会以完全不同的、整合的角度看待经营和管理以及人生。尤其当我任教的学校是卓越的大学，我担任顾问的机构是全球顶级的机构时，我能够从一流的同事身上学到更多——无论是理论上的，还是实操上的，抑或是站在旁观者的角度观察和分析的能力！

大家应该可以从我的文字中感受到这种独特的视角。

二

在大学里教书，我是极为严肃、极为认真的。二十几年里，我每一次走进教室都秉持着初入此门时的态度！在管理学科的教学中，我一直保持着做自然科学和工程技术研究所需的严密和谨慎。

在咨询工作中，我更是战战兢兢、如履薄冰！毕竟无形的知识是客户花了大钱订购的！提供咨询时，我不仅坚持极致的专业精神，而且深入现场体会最真实的业务场景，我还努力深入老板和企业团队成员的内心。大家可以从我的文字里感受到那份切境的深刻和真诚。

三

我的职业追求与我的人生追求高度一致，我在职业生涯中一直坚持着对自然、天道和人性本质的探索！我觉察到人类以"知"入世，其实有四个不同的系统，并且当它们融在一起的时候才能表现为杰出的智慧：科学与工程技术、哲学、艺术、宗教。这不是四个完全不相关的学科，它们只是分担着满足人类处世的不同需求的任务。科学的严谨需要哲学的普遍性来加以扩展，理性需要纯真感性的补充才有灵性，然而人终究还要面对意识的局限。大家如果足够仔细，就会发觉眼前这部书里的思维模式真的有些不同——它是由四个 CPU（中央处理器）联合运作输出的思维。

四

人的意识的局限也是结构性的，个体性与人的社会属性之间存在着无法剔除的紧张，人类的社会文明使我们与自然隔离开来，人类的"自我"意识强硬地把我们固化在主客二元对立的世界里！对这三个具有根本性的问题的深思，让我明白了儒、道、释从源头上就不是分立的三派学说！它们的组合承担着满足人类解脱需求的任务。这三家组合在一起，才是真正智慧的境界！大家在我的文字里可以看到我对不同意识形态的灵活接纳。

说到这里，我想跟读者说一句掏心的话：这本书值得你认真品味。

五

在我给企业家开设大匠塾的那段时间里，我传授的是修成出色企业领航人物所需要的六项功夫。这些内容我会在将来的著作中详细分享。但有一点必须提一提，即我并不把关于领导力的理论知识当成重点，我在大学课堂和大匠塾中关注的是领导者的智慧结构以及领导人格的养成之路。

六

这部集子只是节选。我全部的文字都来自对生活、工作中的困惑进行苦思冥想之后的灵光乍现！我对这种突如其来的感悟情有独钟，每次灵感如光一样划过思想的天空，我都必须把它记录下来，不舍得让它熄灭。我坚持记录这种感悟已经四十多年，当初有人笑我净干这些不能盈利的活计，而四十几年之后他们都从我人格的变化当中见证了什么叫百炼成真。

七

通过教授、企业家、管理专家这三种角色的重叠，以及我对科学、哲学、艺术以及宗教思维的整合，加之我对儒释道"融合为一味"的努力，我发展出了被我称为"翰澜五功"的心智模式。如果读者觉得文章当中有切境当机的锐利，有思维主体的立场转换，有跨越主观立场沟通的善巧，有把过程当因的洒脱，那就捕捉到了其中的奥秘。

写到这里，我已经注意到这显然不是标准的序言，并且也肯定晦涩难懂，但这恰恰是我要提示读者的：文中内容的意蕴远比表面看起来的要深刻很多。

这些年常常听有人提起东方思维的高明，我虽然不敢自以为高明，但我还是希望读者对这本书中文字的深蕴保持开放的心态。

从中学时代，我就开始记录灵光乍现的感悟，至今已经四十几年，积累了近千万字的笔记。本书只是很小一部分。

八

熟悉我的人都知道我的书房其实就是一间图书馆。本来并不怎么热衷于读书的我由于总是思考最根本的问题并致力于寻求最根本的答案，几十年来在不经意间涉猎了几乎每一个领域的经典著作。虽然我所了解的不免肤浅，然而也算涉猎广泛。这靠的是一直不衰的好奇心和探索的热情。在我的知识世界里，所有的知识都是联系在一起的。我常跟学生们说：我其实什么也记不住，然而我只是不忘。所谓不忘就是把道理、精髓彻底消化与吸收。

我个人也从未以"自己是个什么"来定位自己。如果非要自我推介，我常说的就是：我是天下第一百姓，我是贩炊烟者。我把让家里过上好日子当成个人修养成功的第一证据。

九

他们都说，丹蕻先生是个心肠又热又软还能疼人的人。每年我和我家艾老师都接待数以千（百）计的寻求帮助的访客，并且艾老师还怀着一个慈善理想。艾老师每年通过发起捐助帮助很多急需救助的人！

每年的"百日流浪"（这是我的一个传奇习惯，这里不做介绍）的旅途也是她行善的时机。艾老师有一个令人肃然起敬的信条：决不允许自己的视线范围内出现绝望的人！

不多说了，再说就有自吹的嫌疑了！说了这么多自己的好话，还真有一个目的：推荐您仔细阅读本书！这将带给我鼓励和安慰！

我曾经不止一次说过，我的书不会有人喜欢读，但每次我的妻子艾老师都立即打断我说："先生的文字，哪怕再过几百年也不会被人忘记。"

这次书出版了，看看是我说得对，还是她说得对。

目　录

一位咨询顾问的真实状态

专业性和责任感

在国内，咨询仍然是个鱼龙混杂的行业。经常有人问我："咨询顾问最要紧的品质是什么？"我十分坚定地回答："专业。"

在这个解答企业生死存亡问题的岗位上，不允许业余选手招摇过市。但当我进一步回答"怎样才算是真正的专业水准"时，脑子里想到的就是德鲁克所说的：企业的唯一目的就是创造顾客，企业的两大职能就是营销和创新。德鲁克强调，企业的生命来自客户的需要，而企业的生机就体现在营销和创新两大活动上面，他把利润看成企业做正确的事情取得的自然奖赏而非目的。

咨询公司是一种特殊的企业，它为自己创造顾客的全部方式就是为客户提供价值，它最有效的营销手段就是提升自己的专业水平。高水平的咨询公司没有常规意义上的营销、包装和宣传，他们依赖客户口碑实现市场发展。因此，咨询公司的成功就是服务成就的积累，它一路走来的历程就是它的内在品牌资产。

陈汉敏是汉彬洲的创始人。汉彬洲坚守的"成为最专业咨询公司"的理念，源于他对专业性的执着追求与垂范。总结汉彬洲在这方面的点点滴滴，相信对读者并非多余。

第一，不管面临怎样的困难，不管项目遇到什么麻烦，决不降低研究和建议的标准。

第二，一切以客户价值为目标。开展工作讲究效率，工作一旦展开，利润意识要让位于客户价值。

第三，坚持解决方案的个性化和创新意识。咨询工作是个艰苦的发现过程，同时又是一个创造性的过程，提出真正有效的建议才是咨询顾问真正的价值所在，也是职业乐趣的来源。

第四，坚持以最苛刻的标准选择、吸引最优秀的人才加入公司。在全公司范围中，坚持多层次、全职能、跨行业的严格训练，决不放松素质提升的步伐。

善良的心与自我超越

经常听人谈论做人与做事的关系，实际上做人与做事完全是一码事。一个人能够长期坚持那样做事也就说明他就是那样的人。

善良是什么？善良来自一种朴拙。这是指一个人不需要任何存心的机巧就自然地可以做出利他的行为。善良也来自一种智慧，那是因为他必须能够判断什么是客户的最大利益。

要表现出成熟的善良需要一种魄力，为了对方的根本利益不惧怕与他发生一些争执。而这种勇敢却完全基于一种正人君子才配拥有的无畏。与汉敏的交往，强化了我们对正直的信念：源于善良的勇气其实并没有风险。很多讲究世故、圆滑的人根本看不懂，为何一个有棱有角的陈汉敏人际关系如此牢固和丰富。

陈汉敏的无私、大度是连那些不喜欢他的人都无法否认的事实。他对朋友真诚，对事业认真，对自我保持反省。陈汉敏也经常急躁甚至发火，但决不是为了自尊，而是对事实的态度。他不计较别人的"无礼"，却对别人的不幸抱以同情。最让我对他钦敬的是他对待批评的谦虚、平和、真心实意，他是一个十足真实的人。

观棋不语真君子

"观棋不语真君子"，是一句儿时在树下棋桌旁听来的"老人言"。意即劝诫观棋者不要随意插嘴打乱弈者的思路，同时此语也是对观棋规范的共识。

我的姨父是一位酷爱对弈的开滦煤矿井下工人。下井是一种苦差事，但是收入比常人多出几倍。所以虽然背着"煤黑子"的外号，但井下工人还是很乐观，自称为"开滦老板子"。每到发薪的时候，矿山门口都拥挤着叫卖的小贩，"老板子"们上半月吃喝出手都非常大方。姨父下班第一件事是睡觉，醒来吃喝，然后就是拿着马扎到大树下集群下棋。

我也就是在那时听说了这句话——"观棋不语真君子"。人们似乎都在遵守着这项默认的规范，但是也有例外，这使我困惑不已。通常两位棋手对弈，围观的人（一般在棋手下了几盘之后会有机会下场去玩一手，也有轮流"下野"的）静静观看，不发一语。如果偶尔出现插嘴支招者，一般会立即遭到弈者甚至旁观者的一致痛斥。

令我困惑的是这个铁律的例外情况：每到了僵持不下，或者一位棋手束手无策的时候，棋手就是否和棋出现争议的时候，复盘研究的时候，场外人士就会"大嘴开禁"。

"大嘴开禁"，为什么从来没有人认为这是破坏规矩呢？

为什么弈者此时会从对弈的角色退出而加入大家的讨论呢？

此时的棋盘是如何成为公共话题的呢？

从静静地观棋到大家支招、讨论，这个变化的背后是怎样的心理变化过程呢？

对这个答案的追寻使我受益颇深。

一

企业的老板抱怨组织缺乏人才，抱怨手下人无能，抱怨手下人缺乏责任感、状态不佳，他能否领悟到，那是由于他的手下从来没有成为沉思的弈者，从来没有机会进入对弈状态。没有深刻的对弈感受、训练，如何能够成长为人才？这是谁的责任？

为什么会如此呢？因为组织里有一位比任何人更具有优越地位的、不受约束和制约的、随时胡乱插嘴、支招的"观棋者"。他自己从未完整地下过一盘棋，他只是游走于"棋局"各个岗位之间，随时下场、随时抽身，然后把残局和输棋的责任一并留给那些已经被搞得兴味索然的下属。他不懂，棋手是被棋局吸引和激励的，离开了棋局，人们就像一群失魂的野鹤，各自乱飞。

二

那么领导者该做什么呢？我有两个比喻。

第一，领导者是开棋苑的。

你负责制定规则和目标、维护秩序，下棋是棋手的事情，你把下属带入棋手的对弈状态就算成功了。很多领导者没有做到这一点并不完全是因为他个人天生有逞能的恶习，还因为这个过程本身就充满挑战。他需要考虑以下问题。

如何根据战略和任务的性质，设计合理的组织架构？

如何根据人性的规律进行工作设计？

如何制定弹性的职责并授予权力，以保证工作与个体之间得以建立起对弈关系？

什么样的测评体系可以避免恶性"赌球"事件？

这些问题对于不太专业的老板来讲都是挑战。

领导者的过多干预总是出于某种担忧、对下属的不信任、自我优越意识。这使得他无法处于观棋不语的规范之下，于是下属也难以成为投入的棋手。

如果下属正在准备以自己的想法工作，结果老板却不时给出远远高于下属自己见解的指导，下属的状态会出现怎样的变化？

假如下属是一位外来的与老板思路不同的另类高手，当他在你的特权干预之下失去对弈的快乐，他还会追随、效忠你吗？

请记住：高手并不只是图利，他是被过程、对弈感受吸引的，人才的价值也只存在于他本人的对弈状态中。

第二，领导者是教练和棋艺研究者。

领导者最愚蠢的假设就是：下属是绝对理性的。当我们对其批评时，他就应该是足够开放的；当我们需要他投入工作时，他就立即能够调整心态，全身心投入工作。

想一想你自己做得到吗？当你遇到下属顶撞，你会出现很多有利于你自己的解释，把眼前的一切归因于他人的不智和缺陷。但是你对下属做出的不成熟的评价、随性的指点，给下属造成的感受也是同样的。

很多领导者不知道这样一个事实：有人调查过，在下属心中，"上司"与"讨厌"两个词关联度最高。

"开放"是个"名词"，但以此作为价值观就容易冒险，因为开放与坚持主见是一对辩证关系。没有个性、主见的开放就会失去独立、自由和自我，容纳不了异见的主见就是不开放。

领导者的关键智慧就是要能够通晓如何保护下属的独立、尊重其主见，同时还要了解干预的时机和艺术。

三

这里就是我从观棋中悟到的至理。

首先是开棋院。"领导就是服务"、"领导者就是公仆"讲的就是领导者要做好组织管理的一切准备，目的就一个：使下属、同仁顺利无忧地进入对弈状态，管理设计要扫除庸人自扰式的顾虑。

其次是搞研究。在遇到困惑、需要帮助、需要讨论的时候，教练就可以出现了，这就是大树下"大嘴解禁"的时刻。

深度理解"大嘴解禁"的情境内涵，有助于成为高效的领导者。大树下的人不约而同地"自动"开始开放的讨论，这个按钮在哪里呢？这里的关键就是：个人与棋局关系的转换。当个人对局面自感可以胜任的时候，他不需要别人的干预、插手；当他对局面已经力不从心的时候，帮助是不会被拒绝的；当游戏已然结束，对已经发生的一切的讨论和评价是可以开放进行的。

很多领导者利用自己掌握规则的优势与下属比武，处处争锋，给下属造成挫败感。一旦遇到下属抵抗，他更加不安，更加激发他击溃下属信心的斗志。这是领导艺术的最大错误，领导者应以激励他人、使他人成功为目标。这使我想起《庄子·说剑》，这种逞能的人即使剑术再好也只是匹夫之剑，而成就天子之剑需要的是人尽其才、各得其所。

成为领导者的真谛

这篇谈论领导者真谛的综述，涵盖了领导者会遭遇的最重要的命题：

领导者的本分是什么？

领导者最重要的品德是什么？

领导者的力量来自何处？

遇到人性的挑战时，领导者如何应对？

读着这一篇，你的脑海里会浮现出谁的模样？用那张脸跟这些文字做个对照，再和自己做个对照。

一、本分：领导者是所代言的组织人格化

组织为什么需要领导者？我们可能很少思考甚至会忽略这个问题，但它却很基本、很重要。现实中，很多领导的行为表明，我们对此做出了错误的回答。

从大的动物群到原始人类部落都需要一个领头者，这个领头者的存在为集体或组织带来安全、秩序、效率。站在组织角度来看领导者存在的必要性时，我们得到的感悟是——

领导者承载着这样的使命：他的出现增加了组织的价值，这是他存在的理由。领导者必须为组织提供价值，领导者出现的同时，群落变为组织，领导者在组织中发挥作用。正是如此，组织的全体

成员才认可了这个角色存在的必要性，同时也就在他身上寄予了期望。于是领导者的使命就是要完满地达成这个期望，这是作为领导者的本分。领导者就是这样一个角色，领导者应创造组织价值增量，除此以外的角色扩展都走向了角色的异化。

领导者可以获得组织给予的许多待遇（当然由组织决定的，由于角色需要的礼仪性尊荣除外），但是他没有丝毫权力可以利用职务之便谋取额外的个人利益。这个角色只能为使命而生。领导者上任那一天就是公开承诺小我的消失、大我的诞生之日。大我就是领导者代言的组织人格化，领导者必须从组织角度思考和行动。他得到的最大激励来自业绩、组织的认同与信任，有时还会有感激。他的名字与组织连在了一起，他在把自己融入组织的同时成了组织真正的主人。这是一种完全的投入，就其本身的精神而言，已经超越了一份职业的含义，没有这样的胸怀不要出任领导者。

二、修为：领导者的首要品德是无我

光有本领和职位尚不能算领导者，成为领导者是从赢得人心的那一天开始的。领导者必须由衷地认识到能成为领导者的确有一份幸运，值得珍惜和庆幸并怀有感恩之意。无论如何，能有机会为组织做出如此贡献真正是生命价值放大的机会，从此我可以为众人而生。

成为领导者还意味着另外两个过程：我做出了选择，组织也做出了选择。如果我们把领导者的出现与某人到达某个职位做出区分的话，那么小我确实是做了这样的决定：我自觉有这个能力而且决意履行组织赋予的使命并承诺恪守相应的原则，这是宣告小我在职务上的消失。

另一方面，组织也做出了选择。组织选择的标准是：

第一，在能力上，你必须显示出竞争力，或者讲你应当是真正意义上的更为合适的人，你可以胜任组织给你提供的岗位；

第二，作为接受托付的组织代言人，领导者的首要品德就是无我。获得信赖是取得领导资格的前提，无我是获得信赖的基础。在职务范围内，领导者与小我利益应当是绝缘的。在做组织决策时，小我利益应当是中立的。因此，领导者的最重要品德是：正直、诚实和无私。这也同时决定了公正、公平和公开原则对领导者及其组织具有的关键性补益。

优秀的领导者是磊落的君子，是虚怀若谷、取信于众人，并能够为组织带来希望与梦想的人。我们应以此理解和规划领导者的修为。

三、考验：领导者的根本力量来自组织中心立场

对于领导者而言，有些权力是关键性的：领导者被组织授予了先于规则认可的行动许可。这是一种给完全信赖并寄予期望的领导者所授予的行动特权。当领导者被认为是在代表组织行动时，他就拥有了组织所拥有的地位。此时，领导者如果偏离原则或者没有坚持以组织为中心就极易导致权力的滥用。小我没有消失干净，领导者所代行的组织权力就有可能霉变为谋私的工具，导致在组织中失去信任。而信任永远是组织最为宝贵的馈赠。

能否合理使用影响力是领导者必经的考验。影响力意味着被领导者愿意接受指导、响应号召和遵守规范。而这种意愿的发生来自现实的不太容易的过程，并且与领导者直接相关，这种来自领导者的因素就是领导力。领导者的工作并非一帆风顺，影响力的形成要

经历许多挑战和考验。领导者本身也并非依约来履行简单的行为，事实上他驾驭的可能是激流中的行船，随时可能翻覆，随时都要面对挑战。其中最常见的挑战是：组织中若干关键人物的小我心态，他们不仅有各自不同的利益与价值分歧，在组织利益的看法上也会受到一些噪声的影响。

领导者代表的组织利益常常也并不十分明显或很容易被公认。组织利益经常是通过某种规则被集体确认的利益，领导者要把组织带领到最有利的轨道上来并非一件简单的事情。领导者必须有远见，同时还要善于洞察、理解分歧的本质，能够进行沟通说服，还要锤炼坚强和忍耐的品格。领导者最根本的力量来自他所秉持的原则和组织中心立场，因此，一旦他遇到真正的挑战，那将是一场斗争，一场捍卫原则的斗争。

四、智慧：时间是唯一可靠的盟友

失败的领导者没有机会抱怨组织或成员，领导者的角色注定了他已被期望能够处理这份差使所面临的复杂性。一旦失败，组织会迅速进入选择新人选的程序，这也许是小我感觉最无情的一面。

领导工作的艺术性也正是这种复杂性所需要和造就的。在工作过程中，领导者的个性、素质、胸襟、智慧甚至行事风格都成了影响领导成功的关键变量。坚持原则和以组织为中心，为领导者赋予了力量，可以展现其正直和勇敢，但是领导者仍然需要更加成熟的技能来面对复杂的局面。

领导工作的复杂性经常远远超越要解决的问题的复杂程度，这种极度复杂性可能来自众多小我的复杂分歧、组织使命对小我的依赖、小我之间的相互依赖以及这些因素之间的相互作用。更为大型的组织的领导者面对的形势、挑战通常更为艰巨。

这种复杂性还来自人心的不正。因此，并不存在单一的、一经掌握便一帆风顺的领导规律。当一些关键人物为一己之利而结党营私、偏离组织利益中心时，他们与在位领导者之间就不再可能有机会以原则为准则进行开诚布公的交流。但由于对正义的恐惧，这些人开始歪曲原则，掩盖信息，修饰自己，扰乱视听。有时候领导者会处于极为不利的形势，此时他唯一可靠的盟友就是时间。时间是正直、忠实而伟大的盟友，为了配合这个盟友，杰出的领导者必须学会坚强、忍耐和宽容。匆忙中走向权谋和诡计，尽管可以以毒攻毒，却可能是一个不明智的陷阱。

当组织陷入复杂情境，领导者所具有的人格力量，是一种慑服力。尽管难以言表，但有几点还是值得重视：思想与意志，远见与心胸，魄力与气度，勇敢与坚韧。

要造就伟大的人生，靠的仍是一些基本的原则，只是还需要多一些坚持、多一些历练。

"为什么"是先导，还是后续解释？

一

小朋友最会问"为什么"了。问成习惯了，有时会毫无逻辑、思维跳跃地问一句"为什么"，惹得听者发笑。

大人也这样，有时提问并不动脑筋，话赶话，一问一答，顺水推舟，话题不知漂到哪里去了。在大匠塾，这一幕也经常发生。

你会不会提问，在问题背后，体现的是思维的高下。

老师们常以智者的身份告诫学生："遇事先问一句'为什么'。""经常问问'为什么'。"

经验告诉我，通过养成这个习惯就能解决头脑混乱的假设是错误的。事实上，能够提出正确问题本身就是最为重要的能力。而且伴随正确问题的确立，解答实际已经出现。正确的问题当中实际已经限定了解答的范围，剩下的唯一工作就是求解和证明。

因此，提出正确的问题并非思维突破的起点，而是一种成果。换句话说，当你对局势的认识还没达到一定深度和系统性时，靠孤立地提出问题以寻求思维的清晰是不可能的。尽管提出所有可能性问题，然后逐一证明或排除，是一种可行的办法，但在这之前的关键过程却被忽略了。这个关键过程及其所包含的能力才是思维突破的真正要点。

二

我参加过很多重要的讨论，问题由模糊到清晰，到最后的表决，总是要经历一个过程，即由混沌状态到秩序井然。每每在这个阶段，总是出现一些人物显示超一流的思维能力，把大家引领出来。那些热衷于在后来的表决中争吵的人，是对利益和立场敏感的人，他们往往意识不到真正高人所做工作的价值。是这些高人使提出的问题成为可能，这些高人站得更高，看得更透彻，角度更独特。这些都基于一种非常思维。

比如，常人认为，"耳根软"是老板疏于明察的弱点，而高人告诫我们，老板耳根软是无能造就的。那些软耳根的老板正处在无法把控局面的处境，一旦进入了有把握的局面，他或许会变得非常固执。或许他由于继承而一出生就处于不能胜任的岗位，那么软耳根也许就会陪他一生，仿佛这就是他的属性。高人并没有从现象出发，而是认为"耳根软"是老板在某种情境下的表现，接下去从对情境的解读中发现深刻的原因。

再比如，常人认为某些企业的问题出在组织系统，需要制定更多更细致的规则来解决。高人则会发现在这个企业里再好的制度也解决不了问题，实质问题是总经理缺位。他的高度在于，他认识到总经理不是一个人，而是一项职能。有了这个高度，你就会发现总经理意味着对下授权与跟进的连续性、解决意外问题决策的及时性、重大关头的责任担当、信息集中与分享的枢纽、完成组织重要认知的统一、对外战略的统一、集体目标的前后一贯、群体行为的协作增效，等等。

很多家族企业内部分权或者对外聘职业经理增加限制，实际上损害了总经理职能的实现。如果缺乏对总经理职能的正确认识，很多专家会把解决问题的精力用在协调总经理个人与其他制约方的合作关系上，这解决不了根本问题。很多职业经理人很快就遭到解职，这也跟他的认识高度不够有关，他忽略了职能不全的现实，却承担了总经理的责任。

以上例子是要说明，在提出正确问题之前，高人还是有一番思量的。有一点容易达成共识：保持理性与直觉的平衡会产生智慧。理性的价值在于说明、解释、推演、论证，直觉的价值在于立即发现哪里不对劲、事前体悟到方案所在的方向。

是什么把一群人凝聚为一个组织？

到底是什么把一群人凝聚为一个组织，是使命、价值观、商业模式，还是各项制度、系统？这些都没错。

的确是这些东西把大家聚成了整体，连接企业成员以及工作过程的要素也就是这些。德鲁克写的很多著作也是围绕这些要素，这是真相。但是这只是你对现状进行观察时看到的真相，我们的确亲眼看到组织成员就是被这些东西连接在一起的，但很多人忽略了：这个观察并没有提供过渡到这个现状的要领。于是就出现了那些从结果到结果的荒唐事：专门为企业写使命、价值观的业务出现了；企业领导从价值观入手，提要求、抓文化建设；有些领导认为，价值观认同是组织成立的前提；等等。

这好比说："一个健康的人是什么样子？"

"是身体健壮，精神状态也好。"

"好！为了达到健康状况，我要求大家从今天起要努力改善精神状态和体质。"

人们往往忘记了：我们虽然知道什么是好价值观，但坚持和实现这个价值观是不一样的问题。

我们不能忘记每个人都是一个自由的世界，为了协同，我们需要大家在保留自由特质的同时有一定的默契，这需要基于一些共同的原则、愿景，对正在从事的事情的相对一致的理解。但是这终究还是一个结果或者说是一个管理愿望，如何实现这个基本愿景，才是问题的根本。

组织文化问题的本质是在工作过程中凝聚的各种关系：比如发生在彼此行动之间，人们对优先权的选择、对各自掌握的信息进行的沟通；又比如发生在行动过程与成果之间，人们对配合与协同效用的追求；再有，彼此对行动与成果的意义的看法，等等。

因此，组织文化的基础首先应当构建在涉及这些关系的全员自我管理上。在关系中的成员的自我管理才是自由人成为组织人的关键一步。

责任意识

每位成员进入组织必须接受的第一点教育就是明确自己要承担的义务，从这一点起步就抓住了根本。我们所说的责任意识就是对自身要承担的义务的完整准确认识、对履行义务的积极态度、努力掌握履行义务时必须具备的能力并遵守规范。一句话，在谈精神教义（价值观）之前就得明白你的角色价值。

谈到组织管理，我总是主张从职责开始：职责是上级与下级之间的承诺；职责是组织成员对任务的理解；职责的表述结构包含能力模型的要求以及领导内涵；全员职责的系统性促进了大家对企业系统运营的理解。

这个职责框架并不等于责任意识，它只是建立责任意识的起点。借此建立的组织共识与承诺，再加上领导据此对部属工作的跟进风格，才有望确立责任意识。责任意识与责任能力是起点，组织成员必须对自己的义务有清晰与积极的理解，并随时准备高质量（具有主动性与创造力）地完成。

承诺行动

对待诺言的态度是组织成员成熟度的标志，也是领导文化建设的重点。文化终究是个关系概念，而内部关系中最最紧要的就是相互信任，信任是组织高效率运行的保障。建立信任需要大家对许多事情做出承诺并加以信守。

关于承诺有两个层面：

第一，对誓言的坚决信守，这是组织对成员人品的底线要求。一个优秀的组织容不得满嘴借口的小人。

第二，成熟的成员应该深刻认识到承诺有两种形式。一种是正式的承诺，比如职责说明与工作计划；另一种是无形的承诺，这种承诺来自你的道德标准、你对组织使命的理解、你对局势的判断、你对组织与他人的关怀、你对责任的认知。

自　律

领导者贵在知己知人。一个人是被什么驱动的？伟大理想？主动精神？成熟的领导者志在把大家都变成英雄，但是他的脚是站在坚实的土地上的。他必须深知：人们的多数行为是被习惯和弱点支配着的，人们普遍对弱点对人的支配作用讳莫如深。多数人有走近路、利己、嗜瘾、图舒服、好表现等习性与弱点，这些弱点会被不自觉地带入工作过程，进而造成自毁承诺、降低质量、引起混乱。

我们主张大气但不避本性。作为"组织人"的个体，必须对这些人性短板有所规范，领导者将之明确提出来并要求对之进行规避是明智的。我亲眼见到许多企业组织文化的短板就在这里，经理人以一时的业绩掩盖其他问题，以过去的成功作为挡箭牌拒绝学习新方法，以自我为中心排斥职业化作业要求，等等。

领导者有必要在一开始就强调：组织是有一定纪律的，不能一切服从人性，至少是需要挑战人性的弱点。任何加入组织的人在得到尊重的同时都必须加强自律意识。这同样是职业化的底线。

综上所述，责任意识、承诺行动、自律，是组织文化建设的基础。在其他约定出台之前，对组织成员的自我管理首先做出约束是明智的。而这些约束在本质上就是自由个体成为组织人时必需的业务准则与协作纽带。

谁是大师？

做学问讲究的是在专业的规范下，利用深刻的思想探究问题的解释或解决之道；操盘的关键在于把心契入过程中间，洞察各种因素间的微妙关联。

社会上盛行几类"大师"，一类是半桶水学者——啥都懂，啥也做不好。他们的"道场"本在教室，由于世态热闹，于是不甘寂寞而溜达出来。

一类是经验主义者，主要来自跨国公司、职业经理人。他们看不起实用但无形的游击战术，讲究一切都有个规范的模式，属于阵地战的高手。

还有一类是"策划大师"，属于智者一派。他们大多文化水平不高，对大势一知半解，但极聪明，有手段。

然而这些伪大师还有一个共性，那就是都喜欢包装和吹嘘。我所认可的战略高人不在以上，而是另有两类：刘邦式高人和张良式高人。

刘邦：能集众智的大英雄

千余年来，人们只知道刘邦是个能接纳雅言的明主，是个市井混子，是个能集众智的大英雄，但鲜有人能够透过这些俗见看到刘邦是个大战略家。

中国的儒家文化在民间极易演化为世俗道学。人们都是率先用价值观去思考问题，能力成了人品之后的附加说明。历史上，中国人对人物的评价多集中于人品，对能力的研究通常流于肤浅。

我也是读了几个版本的刘邦传记后，才突然醒悟：没有鉴别力如何接纳雅言？没有鉴别力如何接纳贤士？虽说人非圣贤，刘邦也没少犯错，但总体来讲刘邦是中国历史上最了不起的大英雄。

麾下人才集聚，雅言很多，决策的关键是选择。选择的标准是什么？标准就是形势，就是现实，就是对未来的影响的远见。高人每每能够做出正确的选择，原因何在呢？就是对形势、对未来、对自己有深入贴切的了解，没有一个身经百战、夺取天下的人是靠运气或听人摆布的。

刘邦起于草莽，但能够成为张良、韩信、萧何、陈平等众多高度差异人才的共主，说明什么？说明他是个全能决策中心，他有一个可集众智、众心、众利的发达头脑。

有人说刘邦的成就是基于正确的用人之道。使用了人才，只是一个结果，是一个表象。能够正确用人才是根本，这靠的是清楚知道形势需要哪些人才，知道所需人才在哪里，并且知道眼前的人是何种人才，还得知道用长补短。

人们记住了献计的人，误以为献计者就是计策的出处。殊不知在高明的头脑那里具备着完备的谋略，所有献计者提供的只是创造性的突破点。明白人绝不能忽略：接纳计策的人首先需要对计策的兼容思维模式，这份心胸背后藏着的是一个"共鸣"效应。还有一点，刘邦能与众臣分享决策过程，这又说明了什么呢？这说明刘邦既能理解所有人才的见解，又有整合众见的能力，他是脑子里存放着大格局的那个人。还有，刘邦对所有的人既信任也有提防，知其长短，关键时刻及时有所弥补，从不落空招。

张良："退即为进"的大智慧

张良也是大战略家。他除了为人所熟知的智慧以外，有一点特别值得做个补充，那就是他深知自己的局限。

张良认为，人际关系的纽带是人际系统中各自创造的价值，离开了价值，角色只是一个"名"。因此，天下已定，张良留在系统里的就只剩下过去的光环了，而且光环又太耀眼，对谁都是个障碍。日常工作有萧何等人打理，张良对未来的价值已经不大。强敌已灭，内部矛盾就上升为主要矛盾，留下张良就会与其他同僚不可避免地产生摩擦，这对组织不利。

再说没有了外敌，刘邦就该做真正的王了，但出于对功臣的尊敬，处处事事又都得留个神看看大家眼色，那么张良在此定会妨碍领导自由。张良出走绝对是个上策。

据野史记载，他还是关注着朝廷的命运，他还是间接地施加影响保卫着刘氏政权。因为这里有他的利益，这是他一切现实地位的保障。其次，张良退隐后过着富足幸福的日子。这种"退即为进"的大智慧，韩信等人直到冤死都不会明白。

66

丹蕨先生在商学院教学二十多年，

他的课堂经常吸引很多学子旁听，

过道里常常坐满学生。

丹蕨先生从事战略、组织变革

和领导艺术教学和研究多年，

但每次上课都像第一次走进教室！

他不断更新教学内容，

把最新经验和感悟融进课程。

99

曹操的领导力：羊群变狮群

上司领导力水平决定下属的发展

上司领导力的高低在下属身上有最直接反映。商战中，竞争双方力量对比往往非常微妙，一方看似强大无比，另一方好像不堪一击，但转眼间，局势就会发生彻底改变。

弱者可以变为强者，强者也能变为弱者，而决定这一变化的正是双方的领袖人物。这就好比让一只羊领导一群狮子，那么这群狮子迟早会变为羊；如果让一只狮子领导一群羊，羊也迟早会变成狮子。

最为经典的一个"强弱变化"案例发生在三国时期，那就是袁绍与曹操之间的力量转化。最早看出这个变化趋势的是曹操的谋士郭嘉。他认为曹操的实力虽然暂时不如袁绍，但从长远来看，曹操一定能吞掉袁绍，因为"绍有十败，公（指曹操）有十胜"，曹操具备了一个优秀领导者必备的素质。

商场如战场，作为一个领导者，可以向曹操学习自己的领导艺术，努力完善自己，便可立于不败之地。这些素质具体可归结为以下十项内容：体任自然、顺乎常理、雷厉风行、任人唯贤、行为果断、以诚待人、体恤下属、兼听而明、制度严明、用兵如神。

下属状况是检验上司领导力的唯一标准

大象无形。高明的领导者善于淡化自我，更不会将自己"神化"，而是努力强化整个组织的力量；善于将整个组织的目标与员工目标相统一，而不是简单地把目标变成数字。

在具体工作中，领导者应该着重关注以下四点：制定远景和战略；发展信任关系；开创富有责任感、使命感的企业文化；培养并激励下属。这样方能提高自己的领导力，带领企业不断前进。

那么，如何检验自己的领导力是否有效？经验告诉我们，唯一的标准就是领导者下属的状况，看他们是否足够强大，是否足够自信。只有当羊群已经变为"狮群"时，领导者的领导力才算足够有效。

具体说来，可以有以下四点评判标准：下属是否可以按照自己的方式处理事务，在职责范围内是否拥有自由感；下属与上司意见不同时，他是否还能够拥有创意并果断提出；下属对所从事的工作及其远景价值是否具备认同感，自身是否具备使命感；下属是否具备足够信心不断地挑战自我。

肯德基员工与两位秘书

我曾经和某肯德基餐厅的员工有过长时间的接触，他们在领导力方面的表现给我的印象非常深刻。我发现，当该餐厅运营遇到问题时，员工经常会自发组织，甚至直接把领导叫过来开会，这个时候并没有领导与员工之分，大家各抒己见；得出解决方案后立即分散，然后迅速执行，效率之高令人钦佩。

肯德基的员工在自己的领域内拥有相当的自由度，与上级发生分歧时也敢于提出自己的意见，这表明员工有足够的信心，并具有强烈的责任感，"羊群"已经变成"狮群"。

二把手的智慧

为何领袖身边的人，经常里外不是人？

辅佐领袖——不僭越

策士是一个特殊的岗位，辅佐在领袖身边，离领袖最近，受到领袖信任，承担一些不太确定的责任。通常领袖把他作为外脑，领袖与他的关系取决于领袖对他的价值感觉。

策士通常也比较辛苦，因为他要揣摩领袖的意思，他的建议通常不是以整个方案的形式提出，而是激发领袖的思维，使自己的建议变为领袖的发现，策士只是助力。领袖自己突破就会很爽、就很得意，策士是领袖自己突破的一个外缘而已。

提出整盘的建议不是策士应做的事情，这是下属的责任，是负责执行的人带有承诺的建言。由于有了行动的承诺，建言者可以有一些自己的主张。而策士（广义讲就是不负责执行的人）如果经常提出整盘可以直接付诸行动的部署方案，时间长了就是在使唤领袖，谁听谁的？

策士在激发领袖思维的时候，应当真心把领袖作为决策者看，而不是在调教、启发他。策士提问题、提顾虑，也可以提创造性的想法，但就是不能僭越。

辅导下属——成为下属的策士

策士还有一个价值，那就是充当领袖和下属之间沟通的润滑剂。沟通中介，不仅是信息的传递，还包括和下属态度的重建。在下属那里，你要取得下属对你的信任，你必须具备不同于领袖的独立人格。你有自己独立的情感与判断力，下属才会向你寻求理解和支持。

这样，策士身上存在独立和不独立的双重要求，这就构成了策士的难题。在此我没有太多的建议，但有一点须记住：策士利益的唯一来源是领袖，除此之外的任何企图都属非分。策士受托强化下属的责任感，要注意的是，你如果单纯暗示或明示下属应当采取的行动，并不一定有利，因为你必须了解他的能力是否成为他拒绝承担责任和形成消极态度的理由。

如果态度来自能力的缺乏，那么你的任何善意的建议都会对他构成压力。当压力感增加时，他会把你视为敌人，他会不自觉地把你视为领袖身边的一个小人，他会在把领袖视为"无过"的同时，把一切归罪于你。此刻他内心的一切压力都会变为对你的敌视，归因于你品质恶劣。

策士与下属沟通时，如果要取得效果，还得考虑成为下属解套的帮手。我的建议是：站在下属的角度，从领袖和组织的价值和要求出发讨论问题。在忠于领袖的同时，成为下属的策士，但决不能成为一个有优越感的传令官。

把握这两者的平衡就是智慧。这不是圆滑，而是必须考虑人心的规律，不把人作为人来考虑，而把他人假设成机器或者圣人，就会失策。

很多事情，我们永远无法知道

量子理论中海森堡的测不准原理，在生活中也到处可见。很多事情的真相，我们是永远无法知道的，因为自我们知道它的局部的那一刻起，它的整体已经改变了。

领导者对下属的某些过失，当装聋作哑，如果你非得查个水落石出，结果改善的机会就减少了。谈判中间，暗示就是威胁，一旦拿出了具体的威胁，势就尽了。咄咄逼人的、吹毛求疵的、钻牛角尖的，多享受不到人间至善。

人们好奇，啥都想搞个明白，但是人们不能了解的是：你想知道的只能是过去的，在你知道的那一刻它已成为过去。这些智慧告诉我们：对当下，体会就够了，不要把鱼从缸里捞在手中欣赏。知道的过程、知道（这个结果）本身会摧毁当前的状态，不可逆复。

复盘

每过一段时间再回头思考，你会觉得自己明智了很多。因为摆脱了局中之谜，所以多了一份豁达。其实这不是事实的全部，这仅仅是心境转换的效果。换句话说，这不算是复盘，可怕的是，这会被自己误认为是在复盘。误认为是复盘，就落得一份自己都无法自觉的"世故"。

那么何时才算是在复盘呢？复盘是知道了原来局中的全部秘密和结果，给自己一个重新来过的机会。用这个新的心（知情之后的）再去思考原来的话题，再去回看过去的心（蒙昧中的）的决定、行为、情感，这就是复盘。这时你不仅会真的知道了原来自己有多傻，也有可能同时增加了对世界的领悟。

最近，我遇到一位旧部，他无意中透露了他原来在我背后做的事情，这彻底改变了我对一些人和事的看法。我重新思考了过去的一段经历，这不仅改变了我对事情真相的认识，而且在更广的范围、更深的层次提升了我对领导艺术的见解。这才算是真正复了一次盘。

傲慢源自认知障碍

身陷傲慢的病患虽临床症状各异，但其病灶却只有一个：认知障碍。俗语说就是"不知道自己是谁了"，专业讲法就是：自我认知的问题。其实，傲慢涉及的认知障碍遍及病患的所有认知范围。

比如，一般企业领导通常在下属面前表现的思维、决策、指挥的优越感及自高自大也是源于一种认知障碍。下属长期以来对他的依从使他对自己的客观能力，以及自己与他人的相对能力完全失去了客观判断，进而发展成为一种自我认知以及与下属相互关系的障碍。

总之，傲慢来自一种认知障碍，可能是对自我的，也可能是对自我与外界相互关系的，也可能是对时局的。这种障碍极其危险，直接危害就在于思维远离了现实，因此损失不仅是个人形象的贬损，还有决策时的巨大不确定性。

傲慢的策略就是愚蠢的策略

傲慢的策略指的就是傲慢的人的行事风格。傲慢的人做事方式的共同特征表现在两个方面：一是对时局复杂性与艰巨性的错判导致的轻举妄动；二是对自己与环境和他人的关系的轻慢与不成熟处理。由于错误的自我认知导致的自高自大，这些人经常习惯性地高估自己的力量，同时缺乏审慎分析的态度，因此表现为做事草率、刚愎自用。在处理与他人的关系时，以自我为中心，忽视他人的感情和需求，居高临下，自以为是。最后他们不仅会由于在决策上不高明招致失败，而且终将众叛亲离。

傲慢的危害

傲慢的人最大的苦痛来自人际关系，当一个人变得傲慢遭遇了事业的必然失败后，雪上加霜的事情就是众叛亲离。弗洛姆在《爱的艺术》中有精彩分析，人的恐惧、孤独必须由爱来弥补，而傲慢者是不会有真心朋友的。以自我为中心，对他人的情感麻木，对他人的利益漠视，做一切事都先己后人的风格已经断绝了别人可能对你产生的爱意。傲慢带给傲慢者的最大惩罚就是被抛弃。

治　疗

与傲慢相反的状态就是"谦虚"。但实话说，谦虚是不容易做到的。况且谦虚也是一种修为的结果，不能作为疗方。有一个值得推荐的疗方，它简单、易做、有效，这就是大家听说过的"归零"。

古希腊哲人芝诺说，人的知识就是一个圆圈，圈里面是知道的，外面是不知道的，当你知道得越多就越发觉自己的无知。当你涉猎广泛，见识多了起来也就不容易自大了，自大毕竟是井底之蛙的习惯。

良性经营有三个特征

我认为，良性经营有三个特征：一是伴随经营组织的知识、能力迭代加强；二是公司的市场控制力日益加强；三是老板个人的领导力不断突破。

一

"先生怎么看我们的创业计划？C教授说这是一个好项目，一定能成；F教授说这个项目设计有缺陷，不会成功。"

丹蕨说：任何项目都是靠"做"才成功的，任何项目都是某人的项目。撇开谁来做，企图把计划当成客观、固定的过程，这是教授普遍的认知。一副象棋，虽然规则固定，但不同的人就能下出不同的精彩。一开始的计划只是一个想法，做的过程中，有人能调整、迭代出胜局。我看项目，首先看是否存在机会，这是项目初心合理的基础；其次看这些人的性格与项目风格的匹配度；第三看这些人取得资源支持的耐心和能力。没人能第一眼通过项目计划确定它的未来，它一定是具体的人在具体的过程中创造出来的结果。成败不是计划的属性，成败取决于项目与操作者的相互关系，是经营的结果。

二

就领导艺术而言，我是把组织和人归结到一起的。我所说的"人"，不是"资源"而是"人性"的变动特性。于是，"领导"就跟"部门"一样，既是职能，也是事业。

"领导"作为一项职能，它在人际（士气）、组织（文化现实）、业务（战略与业绩现实）三个层面的表现，就成了领导者的职责。履行领导职责的能力就是平时人力资源管理者所说的能力模型，就是领导力的发展任务。

我把领导力，也就是领导行为的有效性、领导者的胜任力归结为三种要素（战略思维、管控与流程和组织建设与改进、人性化）的平衡、有机发展。

进而，我把看透现象背后的本质、变复杂为简单的智慧视为领导力的一种重要而集中的体现。这需要四种能力（科学与技术思维、哲学概括与思辨本领、艺术处理与不确定性、大智慧的观念）的发展。

有了以上基础，我们开始进入企业"文化"与"政治"话题，寻找领袖所处环境的立体现实。整合全部内容，我们会看到领导者作为领袖最具有挑战性的工作：领导变革。

无我、无相才是"真"

一

领导力真相是，从一开始、从心底，领导力的角色就是"成全"。成全"最佳的自然可能"、成全"组织的使命"、成全"个人的实现与发展"。领导者在这个意义上并非特殊人物，他不是"群众"对面的什么人，也不是为了"帮助谁"而存在的超级人物。领导者也有个人目标，也有个人性情，领导者如果非得是什么，那就是公仆。

我的这些话可能会遭遇某些人的批评，因为他们离开"抓手"就无所适从。但当你渐渐失去事业意志和血气的时候，就会发现真理实在是没有抓手的。那些算得上"真"的东西，必是无我、无相，并且是无处不在的。

二

如今商学院里边除了基础商业技能相关课程（财务、金融、供应链、信息技术等）以外，很多科目都存在逻辑问题。如果把营销、品牌、战略、领导艺术这些课与当代哲学做比较，结果会让人吃惊。处于同一时代，顶尖的商科思维居然不晓得如今人类的哲学已经达到了怎样的高度。因为商人才是真正的有钱人，同时因为哲学家们不懂企业，于是出现了今天的尴尬局面：商业名人自以为有文化，就常常引用他们其实不懂的哲学名句，哲学家则到商学院办个讲座，赚点小费。

金钱崇拜是唯一强大的宗教。在"钱"帝统治之下，没见到有谁质疑"商业伦理"与"营销技巧"之间的明显矛盾。也没见到有谁胆敢小声发问"领导技巧"是否与"服务型、原则领导力"南辕北辙，更见不到"战略领导艺术"跟"投机取巧"的落差被谁提起。

世间有很多可以实现的平衡，当追求私利成了核心时，人心就丢了。我们接受、尊重人们重利营私的本性，但是社会的上空必须升起道德的太阳。

领袖缺位是典型的失败

领袖缺位是典型的失败。一把手不能把局面判断、手段、目标说清楚，发一堆让别人去做的威胁性指令，不能用责任、道义与英雄主义、身先士卒去激励各级干群共同奋斗，这些指令就依然是官僚主义的。

非正式组织领导者

基层和志愿者当中会不会涌现领导者呢？这就是管理学课上讲到的非正式组织的领导者。他们可以自动自发解决问题，自动研究方案、采取措施，改进管理，有效解决现场问题。

我是教书的，讲得最多的就是领袖人格、领导力与领导艺术。我认为，企业失败有各种模样，究其根源，两类问题最多：战略性的失败多源于领袖缺位，也就是一把手没有发挥一把手应有的作用；管理性的失败多源于职能不全，也就是协作中出现职能短板，导致系统表现差。两种情况常常同时存在，但第一种更具有根本性。

总经理是什么？

总经理是什么？想清楚这个问题的人不多，胜任这个岗位的人不多。有一个残酷的真相：真正够格做总经理的人只占这个群体的千分之一。

事业做不好的原因很多，总经理缺位是被忽视和没有想透的问题，这才是失败的主因。把失败归因到战略失误、管控不力、资源缺乏甚至领导力不足，都没有戳中本质。找到一位胜任的总经理可以避免这些问题。于是追问总经理是什么，以及有没有办法甄选有总经理潜质的人，有什么办法发展、培养合格的总经理，就成了比一般泛泛议论领导力训练更为根本的议题。

只有充分理解总经理这个岗位的工作机理，才能认清它对思维、心智、行为、价值观的挑战。马斯洛的研究揭示了人的需求层次与人格社会阶层适应性的原理；威尔伯的理论揭示了心灵通达的境界差异；心理学与领导力结合发展出的一种理论表明，人的认知与行为也有五到六个层次。科学工作者确认了人的差别，以及职业生涯发生突破的可能性与障碍。一些常用的心理测评是洞见人格结构与行为特征的工具，然而它背后深藏着的是服务于雇主的小气，错失了人格突破的立场，而堕落为选人、用人的参考，以及个人自我对"性格"屈服的指南。

总经理的三种能力

总经理需要通过对战略的艺术思维把握，排除复杂认知系统的不确定性，突破变量繁多带来的模糊不定；通过技术理性与工具主义，实现相对稳定并持续更新的物理化过程，实现有竞争力的产品、价值输出；通过对人性、文化的了解以及自我突破，实现组织人格的创建。

总经理岗位需要三种异质的能力，缺乏一种或者不足都会成为事业障碍。如何保持这三种特质的平衡以及三种特质在怎样的熔炉里才能圆融和谐，就是总经理学院的任务。从理论洞见到课程设计再到现场历练，这些内容是翰澜企业管理咨询公司五功修炼的入门课程，也是总经理学院的重要课程。

越来越多的企业发现，发展的瓶颈在于能独立承担大任的人物的缺乏，接班人问题本质上也是如此。促使这三项能力短板的突破以及有机融合，正是当前各个大型企业领导团队应该继续开展的训练。

文化发展的"无为"

企业家同学问:"老板就是公司的文化教父,就该是企业的精神导师,他的责任之一就是布道,这话有道理吗?"

老板对公司文化的形成承担最重要的责任,甚至可以说在很大程度上公司文化就是老板的文化。但是这并不意味着公司文化是老板通过同化下属、同事、员工的思想而实现的。

第一,老板以道义、价值观名义所推广的思想,本质上与他正在推广的行为是相悖的。"推广"这个行动本身就与他意欲或宣称的思想不同频。要让一种思想在组织中萌发、流传,靠的是以身作则而不是宣教,宣教只是末端。把一个原则做出来,与把它说出来和要求别人去做,所产生的结果是不同的。

第二,一种公认的文化、思想、价值观的出现,一定是在共同实践、经历、共事中形成的,而绝不会有一个"高尚道义的代言人或者先知"。历史上出现过一些影响了人类的先知,但具体、有限的组织中如果有人有先知情结,那对组织中的他人不仅不会有激励作用,还会矮化他人。一个有先知情结的"导师"身边只能是一群更没有活跃思想的人。

第三,老板并非不可以讲思想,并非没有思想权威,但他的思想权威只限于组织使命的表达、价值观的实践。在这些点上,他的组织权威可以合并或转移到思想领域。在其余地方，同事之间必须保持思想、思维、生活方式的平权。文化再强大，也是在共同实践中无声地发展起来的。

因此，文化发展上的无为才是它的高明之处。

教练，就是古语所谓的"化"人

最近整理笔记，挖到了宝。笔者曾有一段时间对教练技术有过深入学习和思考。这是把玩人心的艺术，幽深，微妙，富有意趣，却难于捕捉，同时要求精确的表达，这些早已超越了教练技术本身。

一

教练是什么？

旁观者说教练是推进器、是催化剂、是磁场。

被辅导者说教练是贵人、是好机缘。

普通教练自己说，我是助人者。

大师说：我不过是倾听者、观察者，我使用的不过是我们彼此的"共心"。

旁观者说得没错，他看到了效果；被辅导者说出体会；教练说出了动机和技巧；对大师来说，无心是道。

二

教练的三套功夫：

掌握流入人心的渠道；

深知流入人心的信息如何解码；

扫清被辅导者自我发展道路上的障碍。

三

教练，就是古语所谓的"化"人。

这个不同就是因他的心施教，于是这个"教"成了无言之教。

四

成为优秀的教练，意味着必须具有"教练的思维模式"。

但这是成为教练的法门？思维模式的转变其实是"人格"的转变，不是学习就可以胜任这个岗位的，它需要的是修习。

如何修习呢？孔子把修习讲透了：

好问近乎智——勤奋、好问、持续探究，自然会转为心智的提升，也就是说那些好学的习惯一旦内化就与"智"是一回事。

力行近乎仁——能够克服人性的懒惰与外欲，坚持正行，这与"仁"者又有多大的区别呢？其实这就是君子之道。

知耻近乎勇——当人对自我的不完美都能持开放态度，对不恰当的事情有羞耻之心，以之为行为底线，还有什么可以使之胆怯的呢？这就是正其心、诚其意的功夫。

一切归于产品

"谈到经营的时候，老师为何说全情投入也是不够的，还需要大爱修心？"

丹蕨说：你知道，在20世纪80年代全球兴起的质量运动中，"质量"的概念被重新定义了。这可不是一个定义修改那么简单，这是生产过程的"心"的变化（体会这个点：用户的使用表现作为质量的基点），接下去才会有后续的一系列工艺和技术进步。

沉浸下去，你可否体悟到那颗心？即使完全投入产品工艺中，你的心思里也包含潜在的"产品使用观念"。你乐在其中，这个生"乐"之心也有大小、深浅之分，有些人偏执于技术，有些人偏执于使用，有些人则把技术、使用、潜在趋势、市场成长、竞争优势、产品意义等都纳入了"产品过程"。

聚焦产品而不是其他，这是我对经营者的基本要求。只不过这个"产品"的内涵是全面的，把一切经营思想纳入产品之下才是我的观念的核心。

当你谈到经营管理，营销、研发、投资、工艺、后勤等一大堆事务就出现了，不同的经营者偏重不同板块。而我认为，这一切本是一个整体——产品，而产品就是客户的东西，产品终究属于客户。

以用户的心为心，再全身心投入"制造"，是"自己给自己"制造产品，这就是心法，它需要修出来。

德经十诫

德经十诫是能让企业家安身立命的十条训诫。

何谓安身立命？

安身，就是知、思、行皆要遵循立身之道；立命，就是守住本分，所欲、所取、所得不离自家道义。简单说，就是企业家成功之道、做人之道、修心进取之道。很多企业家败在所欲不义、所为不智、所得不配。

第一条信念：成功归因

企业家到底是怎样成功的？争强斗狠不可为也，恃才傲物不可取也。企业家的持久成功，首要是心定，其次是人和，再次是本领。

如何心定？齐家（安稳）、持重（节制社交）、投入（事业）。心神躁乱，必然不能把握机会。社交杂乱，三观不稳，思维难清。若不能全身心投入，智慧难现半分，办事毛躁，必遭淘汰。

第二条信念：享受工作

能够从工作中获得享受，才能有出色表现。如何才能做到享受工作？第一个秘密：胜任工作；第二个秘密：工作带给自我持续突破；第三个秘密：成功点滴浇灌，滋养你的精神。

整天感觉劳累，厌倦工作，甚至借口逃避责任，基本都是由于压力过大，力不从心。工作中的舒爽感觉，来自自我突破；心底洋溢快乐，来自工作成绩。

热爱产品，热爱工作，全身心投入，经营怎能不成功？只有从工作中获得享受的人，才有更多机会获得创新灵感，进而能够持续突破。

第三条信念：享受成功

如何能让工作成就大义？如何在工作中实现人生圆满？这是许多终身不退休的企业家追问的问题。

如果成功只是智力游戏，只是竞技表演，这种享受还没有深入心底。如果你能发现事业的深层意义，也就是企业使命的真诚，在经营企业的过程中，你利益的对象是天下，并且你在经营过程中真切地觉察得到自身的成长，那么你的精神就浸泡在"意义"的营养液当中了。有享受意义的成功，意味着可以开创更大的成功。

不应不成局

有人总想着做局，也许他能取得较大成功，但总有搬起石头砸自己脚的时候。

道乃大势，我们必须顺道、就势，无论个人成长、商业竞争，还是国家博弈，此皆不二之理。

一

时下人心浮躁，多急功近利、以邻为壑、竭泽而渔者。常常听人讲起"做局"。做局，大意是设个圈套，请君入瓮。设局与战略的区别就是三十六计与孙子兵法的区别。

孙子兵法讲的是战略，胜在必胜、易胜、该胜；三十六计则是洞察、利用人性的弱点加以诱导。战略胜在对手的固有错误，用在高处；计策胜在敌人被引诱、欺骗而犯的错误，用在险处。

局，是发展出来的，是彼此互动、一招一式切磋间形成的。于是，机会就来了。这是奥秘所在。没有你的应手，就不会成局；你通过巧妙的应手可以控制、改变最后的局面，就可以使敌人搬起石头砸自己的脚。

二

谈到竞争策略，最主要的还是顺道而为。你的竞争策略不应受到同行的影响，不能让自己的经营策略被他人吸引了去，你要牢记自己的角色。

但是另一方面，对手会出无理之招，你还得应对，你需要应对之策。在此我要说，这里还有另一个信条：敌人是被他的错误打败的，不是被你打败的。

有人也许会问，对手采取了错招但获得了成功，他是如何成功的呢？不出两点：一是你的迂腐、怠惰，二是你的昏招接应。被骗的人是那些想占便宜的人，被淘汰的人是那些对未来没有准备的麻木的人，被打得很惨的"强者"是那些以愠致战的鲁莽人。

中庸之道是儒家的说法，道家讲无为。无为是何意思？就是多余的动作一点没有，该有的动作一点不少，也就是孙子兵法讲的：风（其疾如风）、林（其徐如林）、火（侵掠如火）、山（不动如山）。花拳绣腿，属于有为。

大智不授

大匠塾第二期开班了。第一次见面，我对企业家学员说了一番话：

"我们的学习是自我孵化的过程，大匠塾只是提供了一个场所，提供必要的温度和湿度。我们把孵化的条件做得尽量完美，但你要对自己的突破负责。"

一

智者传道时，必选择合适的对象；而有大志向者欲寻提升必自奋争以求。不做选择地传授大智慧，是不合适的；没有慧根的人迷恋大智慧就如叶公好龙，急功近利地运用大智慧必然害了自己。

"人人都能成功""成功取决于态度"，这些口号都有道理，但不是那个字面的道理。"人人都能成功"，说的是世俗看不起的人也有机会成功，因为成功的标准不在世俗的喜好。"成功取决于态度"，说的是很多失败是败在态度，很多成功都有态度基础。

就个体而言，似乎人人可造，有教无类；就整体人类而言，出类拔萃的必然是少数，这是一个生态。社会心态也成一个函数分布，决定这个函数的还得是社会发展的状态和历程。

三

教学，作为各类学校知识传承的模式已经固化到了不仅仅是外在的形式刻板，而且许多教师的头脑也非常僵化。虽然全球各地多年都在喊教学改革，然而远未触及根本。

教学的方法或者模式与教学的内容，互相制约着对方。现在流行的所谓正统的教学模式，所确立的不仅仅是教学以及教育的言不由衷的目的，而且无意间也在强化着人们对世界的刻板、肤浅、执着的看法。

加德纳的多元智能理论认为，在互相独立的智能结构间，通过平衡发展、潜力与瓶颈突破、优势利用，使人得到更好的发展与培育；斯腾伯格的智力三元理论则把智力与成功结合在一块儿，洞见了动态展开维度上的人生发展意义。然而没多久，这些洞见就被工具化，继而就被冷却了。

很多"知识"属于"不授之学"，而这种"不授"的"可授"意味着这种"能力转移"不是常规知识的传递，而是思维本身的升级；不是思维方法的变化，而是信念的变化；不是简单的前提改变，而是伴随人与世界的关系改变，进一步带来的心灵突破。

66

大匠塾上,丹蕨先生辅导企业家们

进行六项修炼。

这六项修炼整合了领导力发展的前沿理论和咨

询顾问实践经验,是重要的理论与实践创新!

其中,**三角锥**领导力模型是独创性的领导人格

发展观,**德经十诚**是实修方法。

做事的理由是在事后出现的

早睡早起，锻炼身体，勤读书，这些行为大家都知道好，但实施起来有一万个不去做的理由。

为什么？因为你的生活不由你主控。

一

心里知道要去锻炼身体，但是每到要行动的时间，总觉得今天"不合适"，还是要等到觉得舒服的时候再去吧。舒服是这样一种感觉：身体很适合马上投入运动中。这个感觉有点像人们说的"心气儿"。

养成习惯之前，我们启动任何一件事，似乎都会受到心气不足的阻碍。其实，心气是在运动开始后不久才出现的，这种心气儿是一种运动带来的舒服。这让我想起了二十多年前一位建筑师对我说的话：设计过街通道应尽量采用地道而不用天桥，因为人们习惯从下行开始，这会使人感觉容易适应；而天桥必须先上后下，人们会尽量绕开或者强行穿越马路。

养生的巧思也在于：你必须知道，开始后才有收益，所以不能把收益的部分作为启动能量；你要在启动之前，唤起另一个替代的心法——热情。

二

要不要做一件值得做的事，甚至如何确定那件事是否值得做，这种判断都是事后才能确证的。顺着"我就是我"任性行走的人，终究都活成了纠结的人；活得开朗、大气的人，都是那些具有以终为始心性的人。

事后你会发现，直觉早就告诉了你真相、预兆、潜机，事前却被你误解、忽略了。每每让你误解、忽略的，其中含有你心性修炼的需要。被"事后动机"驱动的，一般是刚毅之人；被"诱惑"驱动的，最后会走向猥琐。

三

"成功的方法""不去做不能成功的事的理由"是很多成年失败者重视、追寻和拥有最多的东西。

当一个人太在意"成功的方法"，他就已经在不知不觉中成了生活的"旁观者"，而他对自我边缘化的过程与处境毫无察觉。

当一个人拥有过多"否定一个又一个'冒险''笨拙''没有效益的行动'的理由和逻辑判断"的时候，他就正在丧失生命的活力。

其实，做事的理由是事后出现的，成功的方法是在做事的过程中渐渐出现的。电影《阿甘正传》把阿甘设计成智障者的样子，其实阿甘才是智力正常的人，不信你就去看看身边的人。

四

我们所谓的考虑是被经验（逻辑）驱动的，经验是由当前心态抽取的。事前心态与事后心态的差异，是成熟的领导人和打算有成就的人必须领悟明白的。

什么是精进？立即起身做一件事的理由是在开始甚至做完之后才逐渐充分起来的，事前对理由的编纂必然是习性的操纵，于是明白前边这个道理就是精进的起点。

做一件事，需要服从良知，保持开放的态度，但不要试图为做与不做寻找理由，大丈夫需要做了再说。

执行力的真相

一

"战略不清晰""执行力脆弱",这是职业经理、咨询专家对复杂企业问题做出的"以不变应万变"的百搭诊断。

不过我要问,真的有离得开战略的有效执行么?离开执行还可以谈战略吗?

战略、执行、营销、创新等词汇的出现,在某些方面破坏了我们本该有的清晰思路,这些东西本来属于一体。

如果执行在顺利进行,那个进行着的过程就内隐了一个逻辑(战略),其中就已经在"贯彻"战略。你能用思维把它提炼出来吗?即使可以,也不要这么做,那个过程本身经不起你的提炼。

更微妙的是,现实和正在展开的过程已经包含了应对未来的逻辑,甚至未来的结果。这不就是《易经》的智慧么?"让它发生",成功无非是一种"成全",对大势的成全;完全投入当下、物我两忘,心灵达到天人合一之境,战略智慧由此而生。

聪明人把战略和执行分开考虑,企图让执行毫无偏差地在战略指导下有目的、有效率地推进,结果执行被阉割了。本来具有生命灵气的执行过程变成了讨好战略(所谓的科学战略无非是一种按照逻辑的预判）的附庸：

执行必须符合战略目标的要求；

执行过程必须接受战略预算的监督和评价；

执行必须按照既定的路径前行。

尤其当"为股东创造价值"成为经理人的道德指南的时候，那种天人合一的企业生态还存在么？

股权激励、奖金激励，这些貌似科学的方法严重地物化了经理人的思想，人们早已想不起来，真正激励人的是工作本身，包括其中的乐趣、其中的意义、其中的愿景、当然的回报。

二

真实的战略就是在有效的执行过程中内隐的"命机"；推进这个有效执行（及时应对挑战、化解危机、推进业务发展、调整组织和资源配置）的过程，需要领导者带领团队全心投入。

所谓全心投入有三个最基本的表现：视野足够开阔，系统足够开放，人员处于深度投入的工作状态。

我常听一些老板点评下属："××战略思维很强，但执行能力弱""××执行力很强，但战略思维较弱"。我也知道商学院有一门课叫作"创业学"，还有一门主课叫作"战略管理"。人们不仅默认了这些现实、这些说法，而且还依此模式在思考和寻求当下问题的解决方案。

人们已经忘记了，把战略和执行分开思考，本来是应对组织庞大、任务复杂等问题的不得已的权宜之计。这种分开思考是取一种方便，在稍许澄清思绪之后便需立即回到本源——天人合一。

三

把职能进行分解当然是了解管理的一种方便之门，但是入门之后的整合才是真正的挑战。整合是管理的正道，这对领导力的要求极高。

那么领导力的本质是什么呢？远见、激励、谋略、协调等传统说法都属外道。我们需要重温那个信念：自性具足。何意？当你观察一位成功的创业者时，你会发现，他的谋略完全无心，他的应对从容来自"过程本身"。当你观察一位失败者时，你会发现，他的失败往往源自他的聪明——目的破坏了过程自身的灵性。

"君子之道"与"成功学"

一

去上课时,我常常提前一个小时就到了,但是如果我晚出发十分钟就可能迟到。路况的陡然变化就发生在这短短的十分钟之内。

人生、事业、学问也是如此,一个人有着貌似非常出色的表现,但也许比那些差得很多的人的付出多不了多少,智商也许高不了多少。我将这种小差距下的大差异称为"运气"。

人们常常称颂为了取得业绩的小差异而付出了巨大的努力的人,把这种行为称为美德;也有很多聪明人重视的是小差异带来的排名差异,因为排名比具体差异更能带来利益和影响。

而我不怎么在乎排名的利益,甚至不在乎经济的利益。我也不支持付出巨大努力去获取结果的小差异。我仅在乎如果我比"贤者"多付出一点,这令我心安。我不是成功学的信徒。

二

成功学理论的意义,根源于它对自我意象的突破。人们之所以唾弃成功学,是因为它虽然能够让懦夫疯狂,但却不会使之如约成功。成功学的失败,是因为它叫成功学。其实,自我意象突破肯定就已经修改了人生轨迹，但是它的"成就"并非人人可及的某种公共目标。一门好学问的观点毁于一个结果承诺，当然也正因为这个急功近利的承诺，它才会变得热门。

成功学关于自我意象突破的观点是好个理论，热衷于成功学的大多数是"好利超过好义"的人。其实成功学去掉那个目的，确实是可以让人成功的。不过这个成功不是公共比较、测量意义上的成功。

可惜人们只看重财、名、权，那些在世人眼中已经非常成功的人，大多过得很苦，他们要么装着幸福，要么在他人的羡慕中也忘了自己到底是咋回事。

如果放下"成功"的目的，积极投入当下（聚焦在可能性），这就是"君子"之道。如果积极寻找潜在机会并且执着于目的，这就是成功学。

成功与成功之道

一

世人对于什么是成功是有分歧的，但这些分歧大多并不具有根本性。具有根本性的分歧在于获得成功的原因以及成功可否带来持久的好处。

流行的观点认为，一个人获得了广泛赞许、羡慕、认同，或者可以变现为财富，或者拥有了控制他人的权力、优越于他人的地位，这就是成功。简单地说就是出人头地。

既然持有这样的成功观，那么取得成功的手段就直接指向这个结果。这种成功观包含两个方面：一是聚焦资源（权力资源、财富），一是聚焦社会文化和舆论。

非常遗憾的是，社会舆论、文化并不像道德家所鼓吹的那么高尚。事实上，舆论也崇拜资源的优势。并且，舆论在很大程度上是对既已成功的案例进行煞有介事的谄媚解释。连宗教也对成功进行功利化的因缘果报归因。

二

我们急需另外一种成功观：成功不仅跟方法有关，更主要的还跟你是什么样的人有关。这一点非常重要，因为它不是道德说教，而是成功原理。拥有了这种从感悟建立起的信念，成功的手段、过程甚至目的都与前一种完全不同。

这样的成功观有两个关键之处：

第一，成功虽然呈现为智慧、能力、意志的过程，但其中包含一些"神秘元素"，那就是一个人的德性。离开这些德性，具体表现的智慧、能力无法模仿。如果我宁愿放弃逻辑的严谨也要把话说得尽量清楚和容易理解，就可以说，成功跟性格有关，态度决定命运，等等。

第二，当我们把成功跟德性紧密关联以后，我们所说的成功的内涵已经发生了变化。这样的成功意味着，你的人性、潜力得到充分释放，你的人生足够坦荡、愉悦、知足，你与家人、朋友、社会的关系更和谐。

如果你能接受这样的成功观，那么如何取得成功，如何诚实地活着，一切的态度都跟着发生了变化。可惜的是，大多数人活在没有安全感的马斯洛需求理论的低级层次，他们虽然口头上相信第二种成功的道理，但他们心里想的却是：先不择手段发财，发了财再做好人。孰不知，人生始料不及，有时走上了错路，要回头就需要花费巨大的气力。

滥学是扼杀人才最锋利的刀

一

成功的企业家一定具有很强的学习能力，但滥学是扼杀人才最锋利的刀。

我们谈论的是"成长"，"成长"依靠的是"学习"，我说的是"真学习"，而非"滥学"。

什么是"真学习"，什么是"滥学"？"成长"必然发生在实际工作过程中，它是角色确定自己位置的必经过程，这种学习过程是"综合过程"（而不可能是专门的发展题目），至于课程价值一定并只能是事后总结呈现出来的。某些打着学习旗号的做法，实质上不利于成长。

如今贩卖各种解决具体问题的能力、知识、理论课程的机构很多。能力、境界、心态都必须是内化到人格里边的东西，它们绝不是像工具、技巧那样，可以拿来就用的。

把不同行业的各种高人作为导师，泛泛听听、看看不是坏事，但是如果高人把他所讲的内容当作包治百病的神药来卖就贻害他人了。

二

滥学与实学的区别是什么？

坚持立足自己的业务，在实践中感悟所学，这就是实学。到处去听各种"高人"的课程，这些课程"高人"自己假装相信，实际自己都做不到，只会扰乱身心。

如今流传最多的是谬论。谬论层出不穷，花样翻新。传播最广的是跟人性阴暗面相关的，跟贪婪、投机取巧、幸灾乐祸心理相连的各种忽悠。

人性中的各种弱点不会死亡，但是很多具体谣言都很短命。人性的优点埋得很深，但真理性的东西不会死亡。

理不顺境，则学无所成

不擅外语的人，他在心里总是先有母语，然后翻译成外语讲出来。不擅歌唱的人，总是先念记歌词，再按曲谱去唱。不擅运动竞技或者舞蹈的人，总是拆记动作的顺序，再去进行表演。不懂经义的人，总是把玄义变成机械的方法，再指导行动。

擅外语的人是用外语思考的，灵魂歌者是用音乐去表现情感的，真正的舞者是用形体与世界对话的，懂得经义的人是顺境而为的。

不断扭曲的"镜面世界"

如果我们站在两面都是镜子的电梯里，侧视任何一方都会发现无穷叠加的图像。如果其中一面或两面镜子有变形，那么图像在叠加过程中变形也会逐渐增大。生活中，在很多时候，我们就像处在两面镜子中间的人，不同迭代程度导致的中间干扰，会让我们在纠缠中彻底失去自我。

翰澜五功第一就是明白人的"社会性"本质；第二就是人处在意义的世界中；第三就是"人是通过一个或无数交叠、转换或者混乱的模式"看世界的。

人类的认知、态度本身负载着一个"自我合理化"的程序，人们意识不到他的"不够开放"源自对"自我正确"的内在需求。

人们总是因为纠缠细节、纠缠感受而误了大事。人们常常流连于琐碎，而迷失了最重要的方向。人们经常是站在错误的立场、用错误的逻辑，进行对错、真假判断。

人要明智必须爱自己，通过爱别人爱自己，通过排除舆论干扰去获得、听到内心真实的声音。我们一半以上时间都在说服别人、为自己辩护、攻击或批评别人，而这些行为造成的负面影响，是十倍正面努力都纠正不过来的。

记忆发生了扭曲

我们对所谓的"世界""事件"的认知构造都是建立在时空格局上的，而时空的主观性藏在了人的记忆功能里。人类无力反思记忆本身不过是服务于认知的一项功能，直至后来心理学家证明了记忆的偏颇、不稳定、易变、易受扰、存在与自我的纠缠。

此刻，再也不难理解"已经发生过"的事情也许不曾发生，刚刚看到的眼前的东西为何一会儿发现它在很远的地方。这些经验不是随便谁都能有，但是它在某些人身上却已经成了一种能力。

普遍、基本的现实

获得人们对自己的一条正面看法比获得一条对自己的正确看法，更令我们愉悦。负面评价（也包括他们怀有对我们的负面看法的推测）令我们不安，而负面看法背后可能对应的提升机会并不怎么吸引我们。

在与人的各种接触、碰撞，或者各种评比、比较中，输赢意识占据绝对上风。人性不仅喜欢恭维、排斥批评，而且害怕失败，害怕公开、公布任何"不如人"的事实。

"不如人"如果不公开，这种落后在"自我合理化"思维的扭曲保护之下，变得似乎可以接受。然而有人通过任何形式把它公布出来就会令人尴尬，并且人们因此对优越于自己的人产生嫉妒、厌恨，甚至期望他倒霉。其实人们对那人如何取得优越成绩的真实特质并不怎么在意，而是聚焦在因为那人的存在使我们变得不怎么成功这一点上。

攻击、抱怨、批评社会和他人，这些现象的背后也是以上原因。当变得"愤青"的时候，你就可以让自己感受到更多的"安全感"和更少的"不如人"意识。就如上面所说的，当结果比真相和本质更能占据价值观控制地位时，就不难理解人们的很多"聪明""说教""专业技巧"背后都是作弊心理。

人们大多希望控制比赛规则，希望控制裁判过程，甚至希望偷偷作弊或者修改比赛结果，但满嘴讲的却是公平、公正、公开。不要怀疑人们讲价值观时候的认真，但是很多人的投机取巧和作弊意识从来没有消失过。

以上这些意识主导了很多人，也主导着社会意识的很多方面。但是这也对应着另一种现实，那就是人们普遍自欺欺人地生活，并不幸福，无论是成功的，还是失败的。

因此，从容、淡定、简单、真诚地活着，其实并不吃亏，相反，这才是通往幸福、轻松、顺当的道路，但是这种简单、容易的生活特别稀少。现实生活中，到处都是害怕失败却满盘皆输的人。

什么是慷慨

"老师总把慷慨放在人品之首位，可否解释一下什么是慷慨？"

丹蕨：遇到别人有求于你，万万不要让他尴尬就是慷慨；遇到弱势的人赠惠于你，坦然接受就是慷慨；有人对你说话，只要不是闲扯，善听就是慷慨；有人道歉，只要心诚，立即接受就是慷慨……见义勇为，就是慷慨。

"什么是吝啬呢？"

不愿意承认别人优点，就是吝啬；不愿意接受、倾听异见，是吝啬；满嘴借口，优柔寡断，也是吝啬；囿而不用，是吝啬；不愿分享，是吝啬；不爱学习，也是吝啬；面对机遇，不敢冒险一搏，还是吝啬；轻易拒绝别人善意、赠予，也是吝啬。

"什么是王者之风？"

现在人们评价大人物、企业家，都喜欢用这个词。所有好词儿都用在恭维，现实中哪有那么多王者之风。

要举例子，曹操大败袁绍之后，烧了官员往来书信，连看都不看，这是王者之风。

韩信攻占齐地，为安定地方，向刘邦讨个名义侯王，刘邦当即给个真的，这是王者之风。如今老板都是考验下属忠诚，有几人能慷慨率先顾及他人的利益？

谜之自信

一

艺术的困难不仅来自"美"的话语表述不易，更大的困境来自九成以上的人们根本就是美盲，却有谜一般的自信。人们最普遍的天赋就是高估自己并自以为是。当然，这句真理也适用于说此话的人自己。

作为老师最令我不安的，又少有对外人说清楚的是，每次从讲坛下来不知不觉就停留在"布道的姿态"，忽略了"老师"是一种职业、身份。教师只能属于一个时刻，其余时间仍是学生。

我说过，为师布道有功德，但对自身心性发展又是大碍，所以要尽力不嘚瑟、不装酷、不过于摆姿势。在教师节的当天，我给我的老师和曾经启迪过我的长辈、晚辈和弟子致谢，也恳请我冒犯过的朋友宽恕。今后一同精进，好好生活。

二

聊到"工匠精神"时，我说有一种人致力于把一件事做到极致，做得出神入化，于是前途呈现万机。然而，当下更多人只是从"商业模式"入手，脑子里都是赚快钱。有人说，快钱也是可以

"成功"的，只是这样的钱来得快，丢失得也快，这样的钱不容易"化"福。

我曾跟大家说，人们天天谈成功、失败，我不明白这些人都在说啥。但我知道只有两种失败千真万确：一个是"悔"，一个是"愧"。

如果人一生能少些后悔事，就够安稳；如果没有愧对谁，心里就踏实。当下做事多想想后果，多想想未来，这就是底线。

商业模式的快速、大范围创新带来了很多财富故事，让贪婪的人忽略了商业背后的工匠精神。持久的、现实的模式创新，是留给"工匠精神"的礼物。赚快钱、好取巧，终会显露内在的松软、空虚。

从实证入手

一

佛学的很多争论发生在理论层面。佛学本质上是积累了大量以感悟、实证为基础的理论，但后世佛学家大多数以经解经，于是就分化出了经学家和实修派。

海量的佛学典籍是极为珍贵的宝藏，它记录了难以言述的修行正果。但是重拾先人的心得，必须从实证入手，解经、读经都是其次。如果真把实修放在首位，那么名成功就的大德就不应引经据典批驳名声稍逊的后人，而后人则必须将反驳大德作为境界提升的阶梯。这不是对错的问题，而是进步的需要。

二

人的感觉与认知难以统一，比如，关于什么是"美"的，这个问题争议最大。尽管多数人常常不得不从众，但是内心也难以自我说服。他们不敢直言自己真心以为美的，但是从众也不能让他们踏实、满足。

关于什么是"有价值"的争议，虽然普遍，但就没那么复杂了，因为流通性是价值实现的最通俗模式。人们往往屈服于俗见共识，但是价值观才是最考验人品、底蕴的，要有主张就不仅需要胆量，更需要立场坚定。

有深度的叫"小众"，能卖座的叫"高端"。"高端"的有权假装高深，"有深度"的只能自觉清高。人们嘴上都敬畏高深，实际上往往叶公好龙，大多羡慕网红。

拧巴的失意者中潜伏着高人

一

那些有点拧巴的、自视很高的失意者，其中有一些是潜伏着的真正的高人。之所以拧巴，是因为他们并未从心底确认自己就是高人。不管你信不信、服不服，人们哪怕对自己有没有水平的判断也依赖舆论的态度。

人们很容易看不惯尚未被认可而孤傲的人，人们也没兴趣、没能力去仔细对待尚未出名的人，哪怕对方真是高人。人们本质上只崇拜名人，尽管对崇拜哪位名人也有选择。

高人潜伏在大众视野的盲区，高人自己也不自信，除非居于世外，否则拧巴一点在所难免。潜伏着的拧巴高人，跟那些自负而实际无能的失意者混在一起，把水弄得更浑。以至于一些混迹于其间的蠢人自己以为很有性格。

徐悲鸿、刘海粟都成了公认的大师。像他们这样，很多人都是成了名之后，才被大众进一步奉为大师的。很多死后成名的大师，至死都是一个拧巴的"愤青"。你是什么，你自己也未必了解；社会大众认为你是什么，于是你就这么成了什么，但往往你根本就不是大众认为的"什么"。

只可惜，人们追求的就是大众的认可，于是逐名就耗尽了气概。绝大多数人都认为成功就是成名、成名就是成功，内在并不重要，他们以为重要的是别人的追捧。

那些"成功"的人在发表感恩名单的时候，很少提及真正需要感恩的"因"，说的都是感恩各种"机缘"。我说过，"攀缘忘因"就是所谓的社会道义的迷失。

二

"礼"是优雅的极致，是"分寸"的最佳平衡点，是"义"之体现。很多名人不懂这个礼的"义"意，精英们不懂礼的"原理"，于是常常自取其辱。他们讲述的是他们所没体会过的，他们忽略、轻视、批判的是他们所根本不了解的。

"质胜文则野"，讲的不是质不好，而是说文饰不足则不美；"文胜质则史"，讲的是内在不足且过于文饰，让人显得太装。孔子又说："弟子入则孝，出则悌，谨而信，泛爱众而亲仁。行有余力，则以学文。"子夏跟着说："贤贤易色，事父母能竭其力，事君能致其身，与朋友交言而有信。虽曰未学，吾必谓之学矣。"这里讲的是品德在先，讲的是真学问终究要内化到品德，口耳之学不是学问。

"贤贤易色"是子夏谈对学问的认识时提到的状态，要尊重贤者，对之要态度恭谨。如今全社会所以为"贤"者，多权贵名流，哪有清高的份儿。

聚焦、踏实

一

一位青年大学生跟我议论修行的事，我告诫他不要谈修行，学业就是修行，学业搞不好，心情就容易乱。

学业也有几个层面，拿到毕业证是基本。能够触类旁通，学到专业精髓是高级层面；把相关专业顺带学通，再聚焦本行业天花板问题，那就是超级层面。搞好本职就是修行。

我最担心年轻人受父母文化不高的影响而接触"怪力乱神"，打着修行旗号的神棍不少，而连神棍都不够格的人更多，他们对社会影响很坏。

二

20世纪80年代就有观点认为，老鼠终将战胜人类。当人类凭着智慧而傲视动物圈的时候，愚蠢的人没有意识到，在微生物（对人类发起不对称打击）的帮助下，凭借自身超级适应力和繁殖力，老鼠大概率可以登顶而主宰地球。

三

官员、商人、知识分子很容易以为自己拥有高出一般人的自主的心智。从官员对官阶的崇拜，从商人对资产规模的崇拜，从知识分子对职称、学历和论文数量的崇拜就可以看到这种迷思。

百姓是不可欺的。由于百姓数量的绝对多数，其中自然有当今最高水平的智慧，智慧与官阶、资产、学历之间并无因果关系。

每个人都有用于辩论的无尽资源，辩论的直接结果除了伤感情，还会产生更深层的嗔心。不要企图说服谁！包括把言辞激励作为展示领导魅力的途径，都是很没意思的肤浅认识。

第三章

管理问道

组织无力的根源

为什么有些组织行动起来总是表现疲弱？有些组织却能够表现卓越？人们说这是"执行力"问题。我说，这等于什么都没说。关于执行中存在的执行不力问题，原因甚多，"执行力"这一提法没有丝毫缩小这个范围，有一个角度倒是的确能够表达组织问题的共性：领导者的领导水准缺陷。

三种力量的平衡

本土民营企业大多经历了机会带动的成长过程。这些企业的通病是，伴随业务规模的成长，没有及时匹配不同规模业务所需要的组织运作、管理模式。当企业主意识到结构对于运作的意义的时候，他们开始着手建立流程和标准，但却不能同时认识到：系统的可靠性与执行任务的个体的主动性之间的平衡才是组织执行力的根本。一旦组织中的人的重要性、敏感性遭到忽视，严格的制度建设便会异化为导致组织僵化的诱因。

只有在组织能够保持以下三种力量平衡的时候，企业才算得上是生命力旺盛的。

一是对可靠性、稳定性、秩序的维护。它直接关系到系统及其行为的有效性，这是一种来自管理的驱动力，它直接依靠流程、标准来规范企业的运作过程，通过计划、反馈实施控制。它还提倡学习和不断改善，以保证持续提升组织运营效率。

二是对组织成员的关注，强调人的创造性、主动性、积极性。这不仅需要在管理过程中给予承诺，还需要为个体的工作赋予意义。个体与组织利益的平衡，以及在追求意义道路上的主动精神，赋予了员工执行任务过程中的创造热情。这意味着管理者需要实现向领导者转变。

三是对所做的事情持续观察，以及根据情况进行调整、组织，这就是人们常说的战略意识。给企业主带来效益的表面因素是兢兢业业的劳作，但造就持续成就飞跃的必然是重大的战略转型。任何业务在生命周期中都要经历重大转折，这种转折有的时候看是企业家对眼前机会的捕捉，但战略家却能对这些机会具有远见地做出决断，于是他能够超越现有管理思维，提前做出针对未来的资源配置与能力发展。

外部才是组织存在的理由

一个有效的领导者不仅要精于具体过程，在工作中表现得专业、踏实、有耐心和精益求精，还要关注组织中的人的内心世界，同时还要清醒：外部才是组织存在的理由。这是三种不同性质的思维，但奇妙的是，它们又能够很好地统一在优秀领导者的思维与行动中。

管理水平关系到组织输出的产品和服务，领导力关系到组织创造力以及管理的进步，这些因素都可以成为企业竞争的战略动力。但真正的战略思维却是基础性的、决定性的，是对如何进行竞争、如何寻求发展的道路做出选择的智慧。

一方面战略家的轻灵曼妙表现在，通过对市场中的最大机会的前瞻性把握（不一定是从对手出发）而完成了对竞争优势的塑造；另一方面战略家可以在使今天的运营获得成功的同时，还为未来的成功铺平道路。战略家眼中的今天包含明天，战略家眼中的明天发端于当下。战略存在于战术之中，战略以连贯的战术行动表达。战略家的时空概念与众不同。

三种能力的化合

管理思维关注组织的知识储备以及知识向成员技能的转化，但管理的局限在于它虽然可以使常规过程达到高标准，但对复杂和多变的环节束手无策。为了战略，管理经常需要变革，为了应对复杂性，需要发挥"人"的能动性。引领变革、激发斗志和责任感需要的是领导艺术。明智的领导者的责任不仅在于提升组织运营的效率，还在于必须保证组织始终处于正确的方向，还要提供员工献身事业的动机和热情。

领导力见之于管理过程，就会表现为使命与价值观的认定、战略方向的共识、业绩的确认机制、个人职业生涯的关切、人性化的工作模式，以及生活与工作中的良好、积极的人际关系。优秀的领导者在实施科学管理的过程中，始终坚持以人为本；在领导变革的过程中，坚持严谨的管理，一丝不苟；在变动与竞争的环境中，始终坚持外部导向，为公司的前途做出正确的战略选择。

一位善于激励的领导者一旦失去了管理的实际应用性，就会沦为空洞的说教；一位职业经理人一旦专注于细节而忽视与人的沟通和激励，可能会遭遇空降兵式的失败；一位领导者一旦失去了战略敏感，将会使整个组织面临全面危机。

　　企业领袖需要综合三种素养，领袖素养的缺失是组织无力的根源。一位成熟的企业领袖一旦具备了以上三种素质，就会练就出洞察力，从而带领企业闯过各种暗礁，走向成功。

该做成的事一定要做成

一

大凡做事不利，最基本的原因多是未能尽力；其次是过于强调外因、条件，人的潜能得不到发挥；再有就是不能领悟到一切不好的际遇无非咎由自取，若停留在抱怨、指责，就会闭塞了人性的力量。

时时皆须尽力，刻刻都是时机，在在都是启示。

二

"一个组织要有执行力，总得要有几位能人。"此话不错。不过"能人"是什么？起码是能做成一般人认为做不成的事情的人。

把该做成的事做成就是能人，这里有两点需要留意：一个是如何确定哪些事是该做成的；一个是务必把它（该做成的事）做成，不留退路。

其实把"该做成"的想明白了，"做成"就不是难事了。所谓该做成的事，一定是符合大势、适合当前、有利于周遭相关利益者，尤其是我们的服务对象的事。

有人说："但是那些即将得利的人未必接受我们，也可能不领情、不理会我们的好意，总归会有不得利的人阻挠我们。"

这就是障碍，但是"为善不难"，我们就是要让人理解我们，这个难度再大也远比"强为不可为之事"容易。你只需要耐心、坚忍、勇敢。

你要仔细揣摩何为符合大势、适合当前之事，这并非静态客观地揣摩，而是运用策略，观察动态。因此你看，大势决定策略，策略成全大势，这是个辩证关系。当你再把相关利益者纳入行动，阻力就大大减少，并且一旦越过一个门槛，就会出现一马平川、一帆风顺的局面。

影响力：沟通场的建立

为什么有些人表述清晰、逻辑强大，说出来的话却易遭人屏蔽？

为什么有人言辞不多，未开口气势就已能控场？

本文谈谈对话中影响力的施展，但不是教你厚黑与权谋。

一

我所了解的专家，大多数说服能力是有限的。他们致命的问题有两个：

其一，把说服听众的力量归于观点本身的优劣。

其二，把听众当成了要"搞定"的对象。

事实上"说服"这个词本身就已经隐含了误导，它暗示：大家取得一致见解、达成共同意向、对方接受某个观点的过程，是由主动一方对被动一方施加影响的结果。受此影响，人们对企图改变他人所付出的热情远远超过了对倾听应有的重视。

于是一类专家对如何表达自己的观点非常擅长，无论是图表形式，还是论证的结构、逻辑的力量都十分出色。他信仰人类的理性，他相信只要自己的观点能够立得住脚，那么对方被说服是自然而然的事情。咨询顾问们就经常默认顾问的价值来自他呈现的这种所谓的客观的科学知识。

另一类专家则专攻说服技巧。他研究对方的背景和需求，他有清楚的目的，他把这一切定义为"搞定"对方。很多咨询顾问，把谈判拿项目就称为搞定项目。

无论以上哪一类，都是以自我为中心的。他们根本不了解出于单方目的的、把对方视为搞定对象的沟通，都不是真正的沟通。所以他们当然不了解说服本质上是一个双方合作共赢的过程。

我目睹了这些自负专家的多次失败，他们自己对失败的归因总是离不开以下选项：对方太难缠，简直不可理喻；对方太愚蠢，理解不了我的观点；对方太固执，不够开放；我的论证还需要进一步强化。既然假设"说服"是两个人、两种观点之间的竞争，那么失败就只有两种原因：要么是彼不智，要么是我不好。这也是顺理成章的谬误。

二

自省力的缺乏是很多技术领域专家的通病，这是心理学家的临床经验。

要讨得解药还得从自省开始。沟通恰似竞技体育里的双人合作项目，它不是乒乓球对打，而是花样滑冰中的双人滑。而"说服"是单一视角下对"沟通"的理解，是把对话理解成了乒乓球比赛，但这并非沟通的真实景象。

我们在戏剧和电影里看到的英雄人物对另一个人的富有魅力的"说服"，实际上是一种"命令—屈从"的过程，这种更有力量的一方所取得的使对方心悦诚服的胜利在很大程度上是虚构的。

在日常对话过程中，少见这种让对方心悦诚服的"说服"，因为要取得深度共识，只能诉诸平等的交流，共识是合作的基础。尤其在商业活动中，对话双方是在大量推销者中间生活的。他们"久经考验"，对事物的看法相当执着，对他人的意图相当敏感，并且防卫心理很强，并且你企图说服的对象事实上无时无刻不在准备着说服别人。两个企图说服对方并且以说服对方为终极目标的人走到了一起，结果会怎么样呢？

要解开这个结，就得从至少一方有倾听意愿开始。如果双方均能做到仔细倾听对方意见，就能够创造出新的观点，这远远超越了说服的境界。这就是对话理论展示给我们的魅力图景。但这不是来自机遇，而是通过共同塑造的一个叫作"沟通场"的空间来完成的。

三

但倾听并非来自一种简单的意愿，因为在意愿之前有一种能力的性质的东西在阻碍着这种意愿的形成。而倾听能力的基础是调整自己的行动意志与个人观点之间分离的态度与境界，他既有坚定的行动意志，又有随时检视自己观点的开放胸襟。这的确是一种智慧，这种智慧能够使人把观点的从属性去掉，他能够认真对待任何观点，而不考虑这种观点究竟属于你还是我。这是处于沟通场中的人物的境界。

我们也可以将"沟通场"比喻为一个熔炉。对话双方坚守着如下规则。

开放原则：对话双方把自己的角度和观点、信息全部投入熔炉中。

中立原则：双方均对自己原来的观点、信息、角度保持中立，不再执着。

整合原则：双方均以主人的角色检查所有信息和观点，并对检查过的内容进行整合。

矛盾原则：双方把任何对立和冲突视为深化认识的机会。

协作原则：整合创新的过程分享创造，体现建设性，两个头脑处于联机状态。

处于沟通场中的人最令人振奋的体验，来自那份对自我超越的感受。观点、分歧只是一个起点，它不属于任何人；大家精力集中于发现新事物；在探索的过程中，彼此头脑"联机"，共同为深化认识做出贡献。作为副产品，彼此的自我不是被削弱了而是更强大了，彼此的感情加深了，彼此的信任生成了。

四

回到题目的问题，我们如何单方面促成这种沟通场的形成呢？这并不是一个有简单的意愿就可以促成的。但是比照自我的内心，我们即可领悟通往沟通场道路上的障碍。通过率先破除这个顽敌，我们发现可以强有力地影响对方智慧的生成。

有几点认识对于我们揭示内心障碍是有用的。

第一，任何人都不愿受到他人的控制。

第二，社会环境造就的习性使我们对他人的乞求等意图抱有无意识的戒备，我们下意识地认为，凡有企图的人的观点都是带有立场偏颇的。

第三，人们通常对沟通对象的重要性抱有世俗标准，并且这将决定我们对话时的态度。

破除心障，我们需要自问几个问题：

如何去除戒备、冷漠、拒绝和歧视，代之以互相敬重？

如何从单方面兜售自己的观点转化为让对方对"我"的认识产生兴趣？

如果彼此间的兴趣和敬重已经出现，那么双方奔赴沟通场的条件便已成熟。据此，我们不难发现，以沟通中的影响力为目标的实际技能，可以来自两个方面。

第一，低调庄重与无求。低调庄重是无论如何都不会招致蔑视和防备的姿态，这事实上是一份令人不得不尊重的优雅。"无求于对方"的心理预设，会使你获得一份态度上的自由。当你无求于对方的时候，对方的任何优势对你都无法构成心理压力。

第二，因为被对方需求而变得强大。实际上，人与人之间的态度在很大程度上受制于彼此的需求。当一位实力巨大的人物需要你帮助的时候，他也得屈尊与你保持平等的态度。这话并非教你如何获得强势地位，而是说争取对方的心，最佳途径是为对方着想，在对方的需求中确立自身价值定位。

在强大的对话者面前要做到低调庄重不是一件容易的事。因为低调庄重不是逢迎谄媚，也不是胆战心惊，而是一种主动大气的谦虚兼有高度自信的气度，是一种外柔内刚的虔敬与凛然气概。这来自长期聚精会神于"道"而修来的不在乎名的伟岸。

"以无求成有求"尤其有难度，这的确是境界使然。以无求之心方可获得自由发挥的洒脱，于是得遂行有求之志。而怀有求之心必形于言表，接下去所求是否得遂完全取决于对方。

对方对我有需求，那是对方自己做出的独立判断，我的任何卖弄、炫耀、"诚意"对此都未必能有帮助。对方对我的价值的判断绝非来自我的言词和态度，而是他自己的实际观察。这个观察恰是在对话场中实现的。在对话场中，对方对我的能力、智慧、期望的判断都是在对方与我的互动中形成的。对话场绝对是以实力进行自我营销的绝佳道场。历史上无数的智慧隐士，如钓鱼之姜太公，都是以这样的策略自荐的。

　　基于以上认识，影响力可在此表述为：庄重、无求，而且魅力逼人。

力量来自真心实意

一

有德行的人往往礼数周到，他会将身边的每个人都照顾得非常妥帖。亲近的、初识的，在他身边没有亲疏之别，只觉如沐春风。

这种照顾似乎无须刻意而为，而是自然天成：吃饭闲聊，先给旁边的人夹一筷子；正襟危坐，提纲挈领，生动的讲话能吸引每一个人。

怎么做到的？力量来自真心实意。每一个瞬间，都注入了真诚。而我们往往心不在焉，视而不见，听而不闻，食而不知其味。在日常生活中的那些习以为常的行为中，若是饱含情感和真诚，而非虚与委蛇，那是把心装回腔子里了。

交往中，我们并不经常怀疑彼此动机不良，但是我们对待彼此实在是普遍地心不在焉。我们需要爱，但却从不慷慨施与；我们需要关怀，却不懂得爱护他人；我们需要认同，却对他人不够关注。

二

下文我谈几个情节，说说即使是那些程式化的礼节，一旦注入真心实意仍然感人至深。

"欢迎光临！"

这是一句机械的问候，还是真诚的致意？话说多了就失去了本意，就成了一句客套。但有一次参加一个家庭聚会的经历还是至今令我难忘。站在门口迎宾的是主人留洋归来的千金，她热情地注视着到来的客人，面露微笑，眼光中透着自然放松，对我说道："把伞给我，您快去吧，大家等着呢，欢迎——光临！"说到"欢迎"时略加停顿，然后短促地说出"光临"，我仍然记得当时她说出此话时的眼神。我知道这就是真诚，真心实意。

"多谢了！"

受人之惠说声"谢谢"已经沦为程序，这难道就是礼仪？

有一次儿子的同学父母出去应酬，由于交通问题回来晚了，跟儿子联系不上。我就让我儿子把他接到家里来住。孩子们洗过澡，吃了东西，就睡下了。半夜孩子父母打听到儿子下落，来接孩子。他们显然是受了惊吓，当知道孩子平安时，抓着我的手，激动万分。他当时的样子我依稀记得：下颏内收，嘴唇紧抿，郑重说道："多谢了！"只此一句三个字，我能体会内中的分量。当话语承载情意的时候，表意的不仅是说话的声音，还有情感和形体的配合。

"请稍等！"

这是一句普通的沟通语言，但更多场合中，人们还是把它当成了一种应付。

有一次，我在一家酒店办入住手续，行李生把我的行李错放到了一个旅游团队的行李中间。找不到行李，我很着急，就跟大堂经理去投诉。那位经理非常干练真诚，用手轻压我的上臂，深沉地说了声"请稍等"，然后径直去了。当然，不一会儿我就拿到了我的行李。我知道那声音就是承诺，那手势就是安慰。我认为，这就是专业酒店的水准。

"让您久等了！"

这是一句非常普通的用来表达歉疚的话，当加入了真心实意，还是可以增添感人力量的。

有一次，我在退房前打电话找酒店订票处，要订一张机票，特意要求他快一些，否则接我的人要来了，我不好让人久等。订票员虽然一口答应，但还是迟了足足几十分钟。在我很着急的时候，那位小姐手持机票出现了："让您久等了！"站在我面前时，她双臂伸直，双手交叉置于身前，头略低，说完话眼看着下面，道歉后并没有立即离开。这是真心实意！首先，我的第一个感觉是她不必有任何歉疚；其次，我意识到善良是最为尊贵的品质。她表达歉意不是由于她做错了什么，她的歉意出于她的善良。

"实在对不起！"

乘坐国航班机由上海飞北京，我打算要一份清真餐，但乘务员告诉我如果不在买票时定下来，机上就不会准备。我跟乘务员小姐说明我来时没有吃饭，下机又要会见客户，我希望她给点帮助，并且抱怨订票的时候那些人根本不懂订餐的事。她看着我说："来点家常的如何？"我当时没明白她的意思，只是点点头。过了一会儿，这位乘务员来了，说："实在对不起！"她给我单独配了点东西，这绝对是唯一一次，我认为也是世界上最美好的空中餐品。她给我配的是一个小面包、白米饭，还有她个人带的留着自用的炒咸菜。

"实在对不起！这是我妈妈做的，我从小爱吃，由北京我们还要飞欧洲，路上我都是吃自带的菜，希望没有怠慢您。"歉意中饱含关怀、尊重以及渴望补偿的诚意。这是一件令我永生不忘的小事！

"拜托了！"

当今时代，对许多人来说，若还能够保持用心、关注，可能就数托人办事的时候。"拜托了"三个字，出于不同情感，会有不同的内涵。"拜托了！"若能发自内心，我们还是能体会到其中的敬重、信任、期待，还有对互相帮助的个人关系的欣赏。这与随口说说是完全不一样的。

"路上小心，欢迎再来！"

小姑娘们被服务机构训练，训练的内容是在什么时候说什么话。很少人注意到感染力来自"语到心要到"的道理。一次，朋友请我去一个山村风格的农家酒馆，老板是位五十出头的大姐。宴中，主人很热诚，我也恰如其分地说了些笑话。大家很喜欢我，说我毫无专家架子，一会儿就和大伙儿打成一片。临走时，天空下起了小雨，这对开车下山是个挑战。"路上小心，欢迎再来！"老大姐趴在车窗说道。我们记得当时她说话的语气，这是老大姐对自家小兄弟式的嘱咐。"欢迎再来！"的确是老朋友间的期待。

……

生活中这样的细节还有很多，我们往往视而不见，但仔细一想你会发现，我们疏忽了的也许是最珍贵的！是朋友处得长了，没必要了？还是因为自家人何必客套？但是人们多没注意：客套被省略久了，心意也跟着走了。失去了必要的礼节，真心实意也会随之而走。礼崩乐坏的时代，人们还能顾着他人？大都以自我为中心的时候，谁还能够体谅他人？

我们的确已经久违了给予的快乐，但是我们对爱和关怀的需要一刻不曾停止。我们所苦恼的、抱怨的一切，不都是我们自己造成的吗？

礼尚往来是什么意思？就是给予和获取体验的平衡，美好的关系是将心比心。

无为而无不为

有两件与"领导"相关的小事，我记得非常清楚。这两件事的背景、当事人的心态、处理的办法和道理都堪为难得的教学案例。事情既小也大。说它小，是因为在我们日常管理的每一天，它都可能发生；说它大，是因为这两件事体现了一个领导者的心胸和洞若观火的观察力，这可不是小事。这两件事所反映的无为与无不为、无心与用心、无用与大用的辩证关系，值得好好玩味。

一

我的一位兄弟总是激荡于有为与"无为"之间。在他看来，干预、参与、控制就是有为，无为就是撒手。他还不能领会他的这种"无为"乃是一种更危险的"有为"。

其实，只有存在"无不为"的自然结果的那种无为，才是真无为。做工作只有全身心投入，才有条件谈无为。这种"无不为"的发生对应着很多及时、必要的无心行为。

无为意味着领导者并非高于下属、同仁的控制者，但是他也不是局外人。在"无为"意义上讲，领导者角色一方面是应需而生，应缘而在；另一方面领导者又是黏合剂、润滑油、触媒，他为每一个时机积蓄了向成功演化的充分性。他使部分连接成系统，使组织每一动作的配合、资源的结构、各部门的动机出现有竞争力、有远见的效能。

无为，出现在超越具体目的指向的角色上；无不为，发生在随缘随机的投入忘我的功能中。

二

PEETY 是一位责任心很强同时又很能干的同事，公司的装修布置她是一手负责。但两天里我接到她好几个电话，问这样可不可以，那样可不可以。公司里无论是一般顾问还是合伙人都会忙于项目上的事而无暇顾及内部的事宜，但同时顾问又是追求完美、喜欢挑剔的人，所以我知道 PEETY 电话背后的含义。

在电话里，我说："这是不是必须马上做的事？是不是你必须处理的事？如果是，那就做吧，别管我们的意见了。另外提个建议，如果你做了之后遇到别人抱怨和指责，你的对策就是：忍着。"PEETY 一听就释然了，马上去做了，结果很好。

这件小事当中有这样的道理：第一，我们不可能所有的事都靠大家一起讨论求得所谓的"最佳共识"；第二，PEETY 是胜任这项工作的合适人选，她有足够的责任心和能力做好此事；第三，这样那样的抱怨总是难免；第四，她遇到的障碍就是做了之后遭到的抱怨。

于是，我无法承诺消除大家可能的抱怨，我也知道由 PEETY 做此事是我们当前唯一的选择，最要紧的是我知道她的顾虑就是遭到抱怨。因此我的建议是：干！有抱怨忍着。

公司 CEO 建议忍耐"尚未到来"的抱怨是何意？积极者会明白，这是领导对其放心、理解。消极者则会把预期中的"不利"拿到当前，下意识地将其转化为对行动能力和热情的阻碍，从而变得沮丧。我的"忍着"的建议，对此念做了预防。

三

ANDY 是一位比较资深的顾问了，但至今还未独立承担过项目。我有意让他独立负责一个项目，他写好建议书发给我。一般人认为，领导要"把把关"，或者修改一下再发出去会好些。我根本连看也没看就让他发出去了。

ANDY 是一位有能力的人，事实上在项目讨论阶段我们已经解决了可能存在的问题。如果把关也就是对一些鸡毛蒜皮的细节进行推敲，谁说我在这些鸡毛蒜皮上更有优势？

事实上，在他起草方案的时候，我已经无意间传递了信息，让他知道这是他自己的责任。看与不看学问大了，只要他意识到我可能看，那么他在写作期间就会留存侥幸心理，认为粗陋一点不要紧，后续还有人检查呢。但当他意识到他自己就是最后一关的时候，他的写作对象就是客户了，这不仅涉及责任问题，还有顾问个人的尊严问题。

其实"没人把关"的工作才是有意思的工作，哪一个有自尊的人不希望这样呢。断了后念，可以激励当前。

四

第一件小事告诉 PEETY，面对你管理不了的结果，你得有宽广的心态去接纳；第二件小事告诉 ANDY，要享受工作的乐趣，就得承担对等的责任。一切的前提是"关"，领导者事实上已经把过了。这也是一种无为吧。

师傅与师父

一

过去国有企业有师傅，一进门的新人都交由一个师傅来带。外企有 mentor，意思是一样的。不过外企有更为专业的方法，但少了一份人与人之间的真诚、热情、亲热。

家兄的师傅当初对家兄的关怀，给我们全家留下了深刻的记忆，我们至今不忘。不仅教技术，教做人，遇到生活困难，还想方设法帮助；遇到被人冤枉的事，他还会去帮助伸张。家兄每逢过年都会去看望师傅。

过去师傅与师父这两个词是分不清楚的。据词典的解释，师父是对师傅的尊称，这大概是因为师傅行事如父吧。现在工作单位被称为职场，是大家工作、实现个人理想的地方，彼此之间都由一纸与单位的合同联系起来。虽然说法上比原来要周到，比如使命、愿景、价值观，很齐全，其实彼此之间已经淡漠了太多。像过去那种炕头上坐满同事的日子，已经不见了。大家在工作中为了各自的绩效焦虑，彼此在工作中配合协作，同时也有不可避免的冲突。

二

市面上正流行一种说法，叫狼性思维。狼究竟是啥样子，知道的人不多。大家在一个单位为了一个共同的目标凑在一起，能够一起努力，但貌合神离，感情遥远，这是现实。大家一旦分开，便与路人无大异。

面对这种情景，经历过的人，会有一种伤怀。难道真有个人理想这回事？这在当今是一个不在话下的问题。我至少自己偷偷地怀疑，因为离开与周遭人的认同，离开与他人共享，还能有个人理想？那个存在于"大伙"中间的"奔头"（理想），虽然貌似很土，但那才是真正的共同愿景。

什么是冷？就是彼此之间的联系疏远了，主要是心的距离。没经历过的人，不知道热，当然也无法理解冷的含义。他们都站在自己的认知、自己的感受、自己的抱负的角度，去思考关系、行动。那份人情的浸润少了。

带教作为"民间领导艺术"，是不可或缺的东西。在围绕任务而建立起来的组织人际关系中，带教是一个重要环节。它并不仅仅关注年轻人的成长，同样关注让各个层级的人有效参与到组织与任务中。资历浅薄的人需要经验与知识的输入，不要让知识的缺乏成为他加入队伍的障碍。经验不多的年轻人解决问题的想法单一，阅历单薄、谋略不深，但这些不应成为他们参与战斗的阻力。

师父是专业知识、企业文化与人生经验传承的关键，这里有爱，有教练艺术，也有师傅自我成长的智慧。大家对任务的参与程度是组织健康的第一指标，但师父的工作比绩效、岗位职责、计划与跟进有效得多。

企业家们让人心疼

一

人们出门时，要穿好衣服、整理衣冠，以光鲜亮丽的一面上街、会友、出席活动。

其实，人们出门时候的表现，好似给自己戴上面具，力图给别人一个好印象。见客户的时候，求银行贷款的时候，见同行、领导、社会名流的时候……人们都会像川剧变脸一样，给人展示不一样的面孔。

只是回家或者独处的时候，才会卸去铅华，恢复本来面貌。这一刻大家都以为世上最苦的是自己，因为其他人也都戴着面具。

二

对企业家们来说，来自家庭的各种压力不小，来自事业的更多。沮丧、心累、焦虑、厌倦、懊恼……企业家们精神世界中的负面情绪所占比例肯定远比各种所谓科学调查展现的要多得多。

面具后面的世界挺恐怖，也挺令人心疼。一点小事，或者轻微违规，就可能遭遇苛责追罚。一点小事，员工也可能愤然失控。业务越来越不好做，所有的人都已经不是自由人了，大家被困在一张瞬变的网上面。要维持现状，就必须完成很多没有把握的任务。

极少数的成功企业家激励着大家，那些从不带"兵器"、没上过"战场"的管理专家、大师、智者们天天吹牛，弄得面具后面的大伙没人敢说自己就快支撑不住了。那些带着羡慕眼光的人，想不到企业家是最可怜的一拨人，更甭说那些仇富的人了。

赚快钱而又嘚瑟显摆的人，加上那些赚黑心钱的土豪，混进企业家的队伍，让一些穷苦的人对有钱人产生了极度厌恶的心理。

毕竟，在社会的运行和发展中，企业家们是贡献了相当大的力量的，没人真心关心这些人可不是好事。今天，最让人心疼的就是那些真正的企业家，社会应该对他们好一点。

老板的思想权威

企业主同学问："'老板就是公司的文化教父，就该是企业的精神导师，他的责任之一就是布道'，这话有道理吗？"

老板对公司文化的形成承担最重要的责任，甚至可以说，在很大程度上，公司文化就是老板的文化，但是这并不意味着这是老板通过控制下属、同事、员工的思想而实现的。

第一，一个反常识的真相是，老板以道义、价值观名义所推广的思想，本质上与他正在进行的推广这一行为是相悖的。"推广"这个行动本身就与他意欲或宣称的思想不同频。要让一种思想在组织中萌发、流行，靠的是以身作则而不是宣教，宣教只是末端。在自己的行动中贯彻一个原则，与把它说出来且要求别人去做，所产生的结果是不同的。

第二，组织的共同的文化、思想、价值观一定是在共同实践、经历、共事中形成的，绝不会有一个"高尚道义的代言人或者先知"。历史上出现过一些影响了人类社会发展的导师型的人物，但具体、有限的组织中如果有人有先知情节，那对组织中的他人不仅不会有激励作用，还会矮化他人。一个有先知情节的"导师"身边只能是一群没有活跃思想的人。即使是历史上的至圣先师孔子，他与身边的人也是共浴在伟大思想的光辉之中并且彼此保持着教学相长的和谐关系。

第三，老板并非不可以讲思想，并非不能成为思想权威，但他的思想权威只限于组织使命的表达、价值观的实践。在这些点上，他的组织权威可以合并或转移到思想领域。在其余地方，同事之间必须保持思想、思维、生活方式的平权。企业文化即使再强大，也是在共同实践中无声地发展起来的。文化发展的无为才是权威的高妙之处。关于悟性的提问，回答者必须在回答里面包含这样的意思："没有人是答案拥有者。"我们只是分享事物的道理，但从不在"落剑处刻舟"。

为什么在使命、价值观方面可以有权威呢？

因为此刻集体共处同一环境，有了这个共同的环境，道理就可以讲清楚。这就是我所常说的"事中有佛"的道理。

现代工匠精神

一

在相当长的一段时间里，我一直偷偷地怀揣这样的梦想，那就是挤进这张照片。仰慕、崇敬对我来说是一种空洞的形容词，它绝对无法描绘我发自内心的因对物理学的热爱而生成的对那种成就的渴望。

20世纪六七十年代就在喊"科学实验""生产实践""科学研究"，提出口号的人真是明白人。基础科学和纯科学，跟技术之间的距离就是大量的实践。对照目标功能，从基础科学和既有技术取寻找"解决方案""设计方案"是最初级的起步。只有通过大量的实践案例，研究人员才能发现隐患，产品缺陷于是得以改进。

通过生产过程、反复试验、横向借鉴（借鉴其他产品和经验）才能提出突破性假想，再付诸实验。如今，海量的信息为突破性创新提供了可能，迭代用户和同行都参与进来了。比如，奔朗公司在硬质材料工具方面积累了大量的经验，一根绳锯的制造技术、工艺就包含数十项技术诀窍，而其中每一项技术都来自实践。我每每从西方的传统机械产品中都能敬仰地看到古老制造业的年代积累。这些积累是绕不过去的。

二

我在大匠塾里反复强调，企业家的领导力离不开"亲临现场""技艺精熟"。人生阅历、横向学习、继承传统、实践创新，这四条就是微妙观察加持下的智慧开启之路。再加一条"热爱"，就构成了所谓的"现代工匠精神"。

我在六七年前的一次正式演讲中提到：抓住时机，趁欧洲人不愿接班传统基础产业，支持国内民营企业迅速收购家族制造企业以夯实我国制造业的根基。民营企业是国家的魂，民营企业没有活力则国家没有希望。非竞争领域、关系国计民生的公共领域应该由国有企业承担；在创新、竞争领域，必须大力支持民营企业发展。

66

丹蕨堂是丹蕨先生和艾老师发心助人的道场。

帮助企业家个人突破的多年经历，

丹蕨先生发现很多企业家都有不同程度的抑郁症，

而消解抑郁的良药就是**家庭温暖**。

丹蕨堂作为**至公心宅**，

为很多企业家提供家庭温暖。

99

这些年艾老师做了大量的善事，

她的身后站着很多善良的企业家和富裕的知识分子。

小爱基金秉持手不摸钱的理念，

让资源直达被帮助的对象！

99

老板与"人才"

一

为何说企业家中间流行的最没诚意的一句话就是"重视人才"？

"人才"问题有两种普遍现象：其一，靠包装出来的"人才"，十有八九是庸才；其二，叶公好龙，老板更怕真人才。

老板没本事是普遍的真相，他们既驾驭不了人才，也用不好人才。

老板与人才之间常有一种默契：老板修理人才，从而方便其驾驭；人才假装臣服，以便塑造和谐局面。

老板或公开，或暗中有一张底牌："你有本事的话，就自己去干呀！来打工就需要明白老板才是真本事。"其实，老板还真不是一般人能够干的，但这本事有时挺像中彩票，比别人更幸运而已。

二

把非常好的东西送给你所敬重的人，未必就是慷慨、真诚。你还要对得起那个礼物，要把礼物送给最能欣赏它的人。人得其福，物得其所，是两全其美。要尊重礼物，不要随意浪费财物，用不到的可以送给需要它的人，物尽其用是一种品德。暴殄天物，乱扔财物，奢侈浪费，都是损命败福的德性。

对待人才也应如是，不要把人才招揽在麾下但耽误人才，不要自设天花板压制人才，要成人之美。要举荐身边有才气的下属，要接受下属超过自己。天下万有，各安其所。成全，就是做人之道。

三

习惯影响着人的命运。不管背后是性格也好，态度也罢，抑或是原生家庭、经历的影响，人的命运最终会受到习惯的牵制。

习惯就是运行在时光中的雕刻机，它从不停摆，水滴石穿，口、身、意在此综合，小善集成大仁，小恶酿成悲剧。要想岁月静好，就日积小善。刁钻自负，耍尽聪明，终究落得竹篮打水一场空。

营销导向和工匠精神导向

一

我给学生讲了一个"回头客悬念"的隐性道理。某旅游景点开了一家咖啡厅，经营极其认真，店主不当网红，不求回头客，也基本没有回头客。它旁边不远处也有一家咖啡厅，店主每天直播，成了打卡点。

三五年后，第一间咖啡厅成了品牌，第二间网红咖啡厅老板也赚了些钱，但转行经营别的生意去了。这背后的道理非同寻常。

人们理解不了：门店如果不赢利，怎么活？

其实认真经营当然包括追求利润，而且必须尽快超过盈亏平衡点。但是营销导向和工匠精神导向，以哪一个为主导，将决定着公司命运。

你会问：客人都是一次性消费，经营好坏有啥用？

这是本质的问题，这就是暗藏的道理。

何谓暗藏的道理？人间有很多很多道理都是幽微难明的，你不明白。你秉持工匠精神，就超越了一般商人的境界。

第二间网红咖啡厅最终打不过第一间，也许你可以毫不费力地举出很多实际案例，证明"第一间"也有失败的。但我告诉你，你所认识的那些都是首鼠两端的冒牌工匠精神。

二

有一种人致力于把一件事做到极致，做到出神入化，于是前途一片光明。然而更多的人没有特点，只是从所谓的"商业模式"入手，脑子里都是"快钱"。

赚"快钱"也是可以成功的，只是这样的钱来得快，丢失得也快。

我跟大家说："人们天天谈成功、失败，我不明白他们在说啥。但我知道只有两种失败千真万确：一个是'悔'，一个是'愧'。如果一生能少些后悔事，就能够安稳；如果一生没愧对谁，心里就踏实。当下做事多想想后果、未来，那就是底线，亲友面前不惭愧，那就是义气。"

三

"您说只要把产品做到极致，就不必担心不能成功，这是不是多余的话？做到极致多难呢，每个行业都只有一个极致。"

有多少个用心的工匠，就有多少种极致。你且用心去做，极致只是你之"至善"，市场有五花八门的标准。那些仅靠包装行世的产品不能长久，而且一旦下坠再无希望。而出色的匠人，必有属于他的市场。

市场对极致的看法会有不同的标准，这是由不同需求形成的不同定位，但只要是匠心独运就必然有对应的市场。

有人问："我们到底应该以顾客需求定位自己的标准，还是埋头做自己的事情？"

　　了解顾客需求是经营行为，做致良知的工匠、发挥工匠精神是制造业的精神。我们做产品是以顾客为导向的，一旦投入制造业就应该全身心地热爱它。同时，如果为客户生产产品的过程中，没有商家的自我实现，那怎么会有极致呢？

　　所以，营销导向和工匠精神导向，以哪一个为主导，就决定了什么样的企业命运。

第四章

组织沟通

倾听、询问与面质

你会不会倾听？会不会提问？能不能在对话中对对方有所提点？

这些问题同样适用于自我对话。

教练不只是一门职业，教练技术里，包含着心灵对话的奥秘。

在国际教练联合会（ICF）所设立的十一项核心技能中，与有效沟通相关的技能有三项：倾听、询问、面质。如果究其根本，你会发现：这三项基本功归于一项——倾听。这是一个奥秘。

听的本质是"主在客"，这个"主在客"的秘密是什么呢？是"听者无我"，不用自己的心听（所以不同于一般的"倾听"）。用这样一颗心在听，因此能听到客户话语中的含糊、矛盾、假设、断裂。听者，一个具有标准心智（有逻辑智慧和判断力）的无心（情感、价值观、客户情境责任）镜子。

面质、发问的内容也不出于这些听到的内容，不过是对听的"基本"反应。

倾　听

倾听是什么？

在倾诉者那里，倾听是一种"抽取"，他的话被理解、吸收、接纳（这里涉及辅导的技巧），于是他的倾诉就会顺利、持续。但最要紧的是，在述说的过程中，他的态度在改变、自我在发展，倾听的价值就在于成全这个变化。

但是倾听者的："抽取"是如何无声地发生的呢？

我们必须理解，人的反馈通过眼神、神态、体态间无意的互动已然发生作用，这些反馈远比语言来得坚实。而这些反馈就是你的真心，它包括你对倾诉者的接纳、共情与理解。

当然，除了站在倾诉者的角度以外，你对倾诉者的事业、处境的理解还需要有一定的高度和境界，你是否懂他，他看得出来；你是否与他共情，他看得出来；你是否接纳他，他看得出来。但教练的另一个规则是不给增量的反馈。

简单总结：

1. 倾诉本身就带来改变；

2. "抽取"效应，需要"接纳、理解、共情"；

3. 倾听者至少需要有与被辅导者等齐的某种境界（倾听与诉说发生在合适的对象间）。

询　问

倾听是辅导的主体环节之一，必要的干预方案出现在你对它的功效理解之时。也就是，你理解了干预的功效，就把握了干预的技术（在悟性的指引下，此时干预就成了技术，注意这个层次）。

询问的功效是什么？

在人本主义信念的加持下，询问的功效是在调动人性积极的一面和客户自身的道德、智慧资源，把它作为一束光去照射他自己的问题，这些问题通常表现在人性的弱点、心理结构内在的盲点等方面。

识别这些潜力并有效调动这些潜力，是人本主义信念的"技能化的实践"，这不太容易。而在倾听的过程中，及时发现那些正在影响客户思维的人性弱点、心理结构中的内在盲点，也是一项重要的本领。

高水平的询问就是要把客户的问题呈现在一个无我的镜子中，让他在觉醒中自己克服和弥补。至于以怎样的口吻与措辞去完成这个询问，也是极其重要的技能。总结这三个方面，再结合倾听与面质，就完成了辅导的基本环节。

面 质

辅导中，询问完成了对心理盲点、人性弱点的揭示，但还有一些盲区出现在"自我认知"的背后：价值观与行为的背离，承诺与行为的背离，等等。在面质中，立即给予反馈是应当的、有效的。

这里依然有一些理念需要把握：

第一，信任客户，相信他的这种背离不是基于欺诈和故意；

第二，相信客户一旦注意到会立即修正；

第三，不能以居高临下的姿态指指点点，而是"以子之矛攻子之盾"。教练是中立的发现者、积极的助人者。

古人是如何思考和沟通的？

年纪越长，越喜欢读古人的东西。

《道德经》短短五千言，有那么多注本，都不能尽老子之意。

道可道，只能如此道；道非可道，以心为源。

一

古人是如何说话的？古文当中有一部分当时口语的痕迹（通过口语与书面语言逻辑的一致性而在古籍中遗留下来），这种书面语言也反过来影响了当时口语的发展。

我们需要保持清醒的是，古汉语中不同于现代思维的模式需要被清晰地指认，必须认识到古代书面语受制于当时书写的困难（加上刻字速度等因素）而形成的简洁风格（古代书面语是古代口语的简化）。这种简化是由不得已而起的，但这种简化又生成了出乎意料的不同于口语的逻辑（丰富语境的表达方式）。

我们还原古汉语，绝对不能生产出"古文今译"的怪物！沿着正确的还原路径（保持逻辑与思维模式的一致），你会发现古人讲话语境丰富，而这个丰富的语境对应着古人纯朴的心性与完全不同的认识世界的哲学理念。

二

有些古汉语似乎可用现代汉语进行多种解释，有些人就说这是因为古汉语太含糊。其实，这些似可讲通的"解"都是它的正解。而任取其一则是偏颇之解，这些可能的解释的有机综合才是奥妙所在。这些"多解整合"的观点在现代汉语里叫作"超出语言表达的"含义，而这在古汉语里就成了"可道之道"，可见古汉语的内涵是更广阔的。

帮助我们观察的另一个角度是：现代语言是直白的，其功能是纯粹以交际为导向的；而古汉语则是以内心表达为导向的，于是它是"以心为源"的。所以古汉语必须通过感悟，才能会意。道非可道，古汉语才是智慧的更大承载者。

人们抱怨古汉语难懂，其实不是古汉语比现代汉语难懂，而是它们本来就是两回事，它们分属于两大不同的系统。要领会这种类型的智慧，只有通过这个系统。很多学者解经，绝对化地表达了一孔之见，那是非常不对的。有人企图通过阅读古籍的现代汉语译本来学古代智慧，也是缘木求鱼。古人的智慧只能通过感悟来领会，古汉语的通达性本身就是一种智慧类型。

说话的另一种功能

一

有人天生爱说话，能说很多话。身边人难免难以招架。

最近，我发现不止一两个人有不停地说话的习惯，并且他们在说话的时候，虽然总是夹带着"你说是吧"的口头禅，但从来不在意你的反馈。

说话未必都是在沟通，尽管很多人在思考问题的时候依赖内心的自我对话，但把内心所想表达出来还是具有与思考不同的功能。你如果能够暂时搁置插话的打算，仔细观察，就会发现不停说话者内心对说话的需要。

在此处你看到了说话的另一种功能。其实，猫和狗在自己独处的时候也常叨咕，人类也许只是进化到文明出现的时候才把语言和说话确定为沟通的形式，追溯回去也许你会发现，说话本来就具有多种功能而不仅是沟通。

"自我"出现以后，思考开始以语言为媒介了；而无声的自我内心对话与大声说来的、出现在"沟通语场"的对话，具有不同的内容、结构和功能。自我对话是在发展认知、推理和情感，说出来就具备了声明、表白、释放和调节的功能。说出来的话还有组织想法、形成认知的功能。

二

沟通是一个广受关注的话题。"对牛弹琴""鸡同鸭讲",遇到沟通障碍时,人们常这样说。当你细心观察,此类沟通随处可见,甚至我们自以为顺畅的沟通,不过是在附和、应承中完成。真正的理解——"把脚站到他人鞋子里边"的理解,并不经常发生;有价值的沟通——机锋相应的对话,需要越过人与人之间的根深蒂固的障碍。

在大学讲授"管理沟通"课程的教授我认识几个,他们并不善于沟通;老总中满嘴讲沟通重要性的我认识几位,不是巧言利舌、左右逢源,就是刚愎自用或者任性好争。我不怀疑他们讲沟通课程的时候的那份诚实和认真,但是很多人对设身处地的沟通感受并不了解,他们不知道自己是否正在破坏沟通氛围,他们对沟通的了解还停留在叶公好龙的境界。同时,多数人对如何进行沟通不仅缺乏技巧,而且毫无头绪。沟通并不仅仅是信息交换,沟通最重要的价值在于新信息的产生,有价值的沟通是对话过程。

三

在对话者中间运行着的信息并不是只有一种"同频"的模式,因此对信息的接受既不可能跳过"解调"过程,也不可能省略反馈、确认过程。然而,解调并不容易,一方面人们受自身"带宽不够"所限,无法理解他人的思维模式;另一方面,人们常用的沟通策略严重限制了人们的智慧。

某次旅途中，一位女士无法理解另一位旅友的婚姻观，但她并不认为是自己无法理解，而认定纯粹是对方愚蠢、荒唐、没有头脑，于是她不停地以质问的语气提出很多"为什么"的问题。在她的脑子里不存在无法用语言回答的问题，于是质问、说教、评价、判断占据了她的大脑，也占据了所有的沟通时间。

一旦人们把沟通当成了一种观点间的交易，把投桃报李式的思维、把妥协条件带了进来，沟通就更变味了。这样交换着的就不再是信息和看法，而是某种政治力量的平衡。有些在沟通中故作倾听状的人，沟通障碍更大。他们是从课堂上学来的技巧，但不了解倾听需要的不仅是心和耳朵，还需要"把脚也站在他人的鞋子里边"。

四

沟通本来是弥合差异或者从差异中学习的宝贵机会，但事实上，差异成了阻碍信息交流的最大障碍。人们的沟通能力通常受既有想法的限制，一旦超出既有的想法，多数人表现得张皇失措。这是由于他们不清楚：既有的想法并不重要，在沟通中形成的想法才是协调彼此行动的依据。执着于自己的想法的人会把沟通理解为单边施加影响和说服的过程了。

这些年来，我通过对沟通障碍的思考，得出这样的结论：人们对某些观念所抱有的僵化想法以及对"自我"的无法超越是沟通的最大障碍，性格和人品并不是主要问题。沟通障碍指的是阻碍心灵对接，使得个体无法超越系统局限，在不同头脑间生成新的信息的力量。但是沟通最有问题的人常常声称自己是最开放的。

在这一点上，有沟通障碍的人并不一定就是人们通常认为的

"固执"的人，善于沟通的人也不一定就是那些与人发生冲突更少的人。比如，你能说"尼采是难以沟通的人"么？你能说"和事佬是沟通高手"么？

五

我认为，常人沟通障碍的典型症状有三点：

第一，出发点谬误，认为沟通就是影响他人。这一点导致了发力方向的僵化。这在很多人所持的沟通的态度中间会暴露无遗，但往往会逃过他自己的检视。多数人认为，说服他人或被他人认可就是胜利。这也基于这样两个世俗谬误：真理总在多数人手中；让既有观点获得通过比发现新知更重要。

第二，过程谬误，认为沟通就是发表主张和不断构思自己观点的过程，因为这涉及输赢。这是导致单边思维、无法跨越沟通障碍的关键习惯。他们把沟通当成了某种自我实现的战场。心被占满了，哪会再有空间去听？

第三，认知与直觉谬误，认为凡是遇到沟通障碍就一定是他人有问题。为自己寻求借口、为他人发现问题的习惯，已经控制了我们对沟通困局的认知。

私董会的未来

一

搞企业的人发明了一个叫作"私董会"的组织形式。这是一个董事会，不过这个董事会不是公司的，也就是说，凝聚大家的不是因为分持某个公司的股份。大家在此进行董事会上的那种平权研讨，私董会的形式比总裁主持的执委会更加开放，每个人都可以更直率、真诚地表达意见，但都需要遵从章程和某些规则。那么，私董会形式下的"股权"与"利益"是什么呢？先说利益。利益就是通过这种研讨创造的知识、洞见和态度改变。股权呢？股权并非通过会费获得的会员资格，股权来自真心实意的投入，再加上令人信服的阅历、成就，当然更基本的还是真知灼见。

不过所谓的私董会，没有几个是高质量的。搞企业的人有自信的不少，有素质的不多。只是随着资本地位的提升以及所谓的业绩的提高，越来越没人敢这样明说了，他们自己也听不进去了。

二

私董会并非传统意义上的董事会，私董会的真正意义就是要建立一种机制，使不同的企业家可以通过切磋，生成原来各自不曾拥有的洞见以及思维模式。至于解决困扰某位企业家很久的某些问题，往往是不在话下的。

三

私董会是一个治疗"企业家孤独""传统培训无效"等问题，使成员获得有效交流、切磋的虚拟机构。这种形式如能自立，还需要大家拥有之前所不具备的本领与资源。由此可以料定它未来的前途，以及未来更为有效的互学模式。

四

不同的事情会获得不同的市场反响，这既是由从事它的人的工作水平所决定的，也是由事情本身的性质决定的。因此，一旦你选择了自己喜欢的事业，就不要再与人争市场反响上的热闹。

团队中的道德合伙制

一

"精创"不是教科书上的公司，不是一个客观的实体。按"私董会"的形式，不同的人当上精创的老板，有完全不同的认知。这个对话的意义在于，每个人都把自己当成精创老板来思考如何玩这个游戏。每个人都有驾驭这驾马车的完全不同的思路。这会有很多创意，也会有很多偏颇和狭隘的认识。

二

每个人都有自己的理解模式，有自己操控方向盘的方法。这其中没有好与坏、对与错之分，重要的是，这种对话在现实组织内部永远听不到。现实组织内部的下级与上级之间永远是员工和老板的关系，于是老板不知不觉地以为自己了不起，无形之中员工的独立思维模式在组织中就会遭到压制。

三

如果下属都各有各的想法，于是就会没有一个绝对优先的想法。即使优先，也是因为股权和公司决策治理的原因，而不是因为领导者一定要垄断思想。

如果在组织内部经常出现这种情景，将来在高层团队中就可形成真正的道德合伙制，那时候，老板就真正无人匹敌了。

组织变革的疆界

一

坚平兄几年前对我感慨道，人届五十方知天命。年轻气盛时，怎知生命的疆界，忘乎所以，以所遇为敌。今朝我也有"知天命"的一悟，那就是企业改革的疆界。

一家企业至少在短期内，这个短期至少也是五年，总会有一些东西是无法改变的。基因是生物体遗传信息的携带者，影响生物体的生长、发育和行为等各个方面，而企业、组织当中也会有一些起基因般作用的东西存在，这些东西影响了组织的一些外显特质。人们对此有了感悟、发现之后，就发明词汇来描述它，比如"文化"。然而词汇一旦出现，又会在不同头脑中出现不同含义，词汇含义的"共识部分"甚至会逐渐代替当初的感悟与发现，使之重新陷入不智。

人的改变是有疆界的，这不难理解。人们不愿相信这个疆界，这与他们无法理解这个疆界有关。那些对"组织变化疆界"的不解就是源于对人的理性疆界的无知。组织毕竟是由人组成的，组织短期内（几年到几十年）的核心人物的稳定以及其历史体悟的无法更改性，注定要把某种"基因"带进组织。

负责组织变革的人，首要的工作是识别组织的基因，必须清楚你可以改变的是什么，不可改变的是什么。那些对组织基因叫板的变革是注定要撞南墙的。

二

管理顾问容易陷入和普遍陷入的问题是认为"战略是客观的"，把组织对新战略的不适应归结为"组织变革"的任务。这背后的假设是"企业家具有无限的延展性"。

我的经验是：战略需要顾及企业家的局限。

很多电影台词和"名人""老师"的演讲中都经常出现这个句子："做人就做这样的人"。在文艺作品中树立榜样、对好人表示崇敬，这是无可非议的，但要对之进行自我复制就纯属妄谈。这样的老师和家长给自己"不争气"的孩子带来的压力和扭曲，是既司空见惯又让人觉得惋惜的。

受惯了这样的影响，好多"好孩子"也经常斩钉截铁地说"做人要做这样的人"。其实做什么样的人，不是单凭简单的个人意志就可以决定的。在本质上，"人"是环境的产物，是自身经历和际遇的产物。充满激情的表态和饱含壮志的意念对你最终成为一个什么样的人作用不大。一个明显的例子是，激情澎湃的大学毕业生、海归的博士，几年后就变了一个人，而这个变化可能与其初衷迥异。

人既是一个角色，又是一个记忆整编系统。人的心灵既受基因的影响，又被生活影响和塑造。说人是一个角色，意味着他究竟扮演什么与他的人际关系网络、工作网络有关，网络对他的需要和期望以及预期都在塑造着他。要成为一个网络中的和谐与成功的个人，意味着你不仅要能满足团队和周边的人的需要，而且你还要能够在履行使命和价值的同时保持和发展自我的个性。

这种创造性尽管给个人带来了成功，但它又是受限的。社会人有时又像是无形网络上的一只中了蜘蛛奸计的苍蝇，不同的是，人不是网络的简单受害者，同时他还是这个网络的共同编织者和它的受益者。

三

经常有人探讨"命运"，我看多数情况是由于他们体验到了人对自身命运的无奈，同时也一定感觉到了一种似乎"合理的必然"的存在。于是智者就出来告诉大家这个谜底：通过一些品质就可塑造命运。于是，气度、魄力、与人为善等名词不绝于耳。

其实这些智者是错误的，因为这些特质就是命运（形成这些特质的过程就是命运展现的过程，这是不可分离的同一过程）。企图靠追求这些特质来改变命运其实不过是原地打转。

说到这里还得解释一下，追求智慧的人并不一定就是"成功的人"。至少成功本身就是一个有争议的概念。还有，成功的人未必就一定是智慧过人的人，那些给成功人士加上的品质光冕很多，但都是"神话传说"。大流氓做了高官的、大坏蛋成了富豪的、心胸狭隘的人成了科学家的多的是。

因此，如果你对自己要成为什么样的人感兴趣，那么明智的办法就是从培养好习惯开始。平时有什么样的习惯将来就会对应地成为什么样的人，孔子就是这样教导我们的。

另外，如果你抱着修炼的态度生活，那么就应该从一开始就不图回报。但这个状态本身就对应着一种"福报"，只不过这个"福"未必是世俗艳羡的那个"福"。

组织内部永远听不到的对话

一

　　这是中国制冷温控行业的一家国家级高新技术企业，它从 20 世纪 90 年代创业以来，一直稳健发展。它的核心技术属于基础性技术，可应用于多种场景，在很多工业领域都有刚性需求。于是，在三个主要领域站稳脚跟（市场份额达到 30% 以上）之后，公司确立了八个典型应用场景，对应成立了八个事业部，期望以一个相关性极强的核心能力拓展到八类不同的市场空间。

　　这样的战略设想在当时被寄予厚望。但疑虑始终都在，八个事业部的分立也成为学员间争议的话题：

　　1. 事业部之间业务有交叉，会带来极高的沟通和协调成本，甚至会引发对资源的抢夺；

　　2. 八大事业部面向不同的市场，极其分散的客户需求会产生大量的定制化的产品开发需求，给后端的生产、品控和供应链带来极大压力；

　　3. 各大事业部还没有建立起真正意义上的高层管理团队，大量业务决策仍在老板手中。

　　老板的困惑也由此而来：

1. 未来前景总体看好，但对于短期内业务无起色的业务部，一直难以割舍；

2. 总感觉人员不能满足公司发展的需要。是招聘方式不对，不能留住人才？还是没有魄力，不能以高工资吸引人才？

3. 自己从工匠变大匠，改变自己有没有更好更快的方法？

4. 近几年一直努力经营，为何经营规模和利润增幅不大？

二

"不要企图改变你自己。"丹蕨先生首先回应了"改变"这件事。

第一，不要企图改变自己。你是你，能够做到今天的成就，你已足够好。你没有必要，也无须以他人的眼光改变自己，但你一定能够改变自己。

我认为："当遇到自己出现问题，我只有一种想法：怎么变得更好。对于好与不好的标签，我想都不想要。不要给自己贴上负面的标签，要直接、勇猛、勇往直前。把自我否定的念头直接变成另一个念头，只考虑如何更好。"

第二，当领导力出现问题时，解决的着力点永远聚焦在业务层面。提升经营绩效永远是发力的主战场，下属关系和组织界面可以由它牵动。

三

领导应该可以被下属改造。留住人才的第一要义是关心下属工作时的感受。人才的成长与领导者的工作方式有关。如果身边有几位合作愉快、沟通坦荡的人物围绕，工作中就能形成坦诚的氛围，领导力就问题不大；如果凡事自己做主，风格强势，周围人与人之形成很大差距，领导力就有提升空间。

领导者要为自我内心成就感的"野马"套上缰绳。领导者往往抑制不住对内心的成就感的追求，陈洲老师笑言："这种风格已经融入了你的工作习惯，而你自己没有意识到。我作为顾问和你沟通无压力；但如果我是员工，那我的主动性和成就感就会受到抑制。"

丹蕨说："我并不觉得'抢话'有何不妥，所有的企业家都需要有这种个性和偏执。但是有一点，如果下属抢你的话，你能不能接受？下属如能毫不客气地抢你的话筒，这是对你领导风格的最好补偿。"

领导力不是一个性格，再强悍、再偏执的性格的人都可以成为一个伟大的领导者。如果身边有真正的强人围绕，领导者就可能会被下属改造。

情绪逻辑

一

马斯洛的动机理论是在普遍意义上存在的，在进行具体动机分析时，有一个重要的因素必须考虑进去，那就是"情境"。

我们不可脱离情境来分析动机，任何具体的动机都发生在具体的情境之下。在具体的情境之下，与人的动机关系最密切的就是角色。

不同的角色的动机有着非常有趣的对应关系。比如，老板最重要的动机就是实现业绩和公司价值，而后才是被尊重；经理人最首要的动机是被认可，而后才是薪酬……

要想破解动机的奥秘，必须首先理解角色的本质。但遗憾的是，很多刻板的人把顺序弄倒了，他们往往从动机的一般理论出发来理解角色。

二

高情商的益处是显而易见的，但许多管理学大师所说的提高情商的办法是值得怀疑的。不过关于情绪管理的能力，只要具备了一个见识，就可以迅速提升。对此，我是有体会的。这个见识就是：

不要让对方的错误影响我的情绪。这句话看起来似乎不值一提，但是我们的负面情绪都是因为生对方错误的气而起，所以这句话是解决情绪问题的关键钥匙。

这是一个纯粹的误解。我们的负面情绪其实多数是因为自我的意志得不到伸张而起的，我们只不过是把这个"罪责"归结到了对方身上。我所说的"不要让对方的错误影响我的情绪"指的是，如果对方有理，我们必须顺从真理，不要顾及个人不值钱的面子，也不要因为真理在别人手里，就把孩子连同洗脚水一同泼掉；如果对方无理，那么危险最深重的不是我们。他们正在遭受威胁或者早晚要付出代价。我们并非要幸灾乐祸，但为此产生负面情绪，表示不满、愤懑就不必了。

三

善、恶是人的观念，天道只秉持两个原则：

第一，反射原则。你的善、恶（动机与用心）必将如回音和光线反射，最终以同样性质的力道作用在你自己身上（害人者终害己）；

第二，天道不可违。一切有违者的失败都是咎由自取。

情绪为人类的生存提供了一项本能功能。由于人类意识的加入，情绪模式纷繁复杂，而每一个"个性的情绪模式"对应的人格呈现了不同的性格类型。人们虽然知道了情绪的作用，也提出了改善情商的思路。但人们有所不知的是，由于情绪对应的是性格模式，故他们提出的方法是没有效果的。

任何企图走捷径，改变性格或者改变情绪模式的努力都是急功近利的，人类的解脱之路唯有觉悟。

学习无法替代经历

公司的战略是走出来的，公司经营的成功是干出来的，经验是事后总结出来的。那些鼓吹凭借智慧、能力而预定成功的人，有些尽管已经成功也是骗子。

另外，走访学习、听课学习、经验分享等形式只是有助于知识的积累，帮助你打通思维，帮助你整理经验，在能力提升方面作用不大，不要指望任何学习可以替代经历。

"早有预谋"和"与众不同"

成功人士有一个无法克制的毛病：把自己的成功说成早有计划，把自己视为与众不同的人。人与人当然不同，但是成功之前没人能知道自己必成。成功必须是干出来的，没有可以移植的具体操作的经验，除非借他人的经验帮你理解现实、预见未来，但这都是思想方面的。

三个不同格位

在培训中，我的学员可能没有领悟到，当我带领他们从厂商、客户、竞争对手三个不同格位分别进行透彻、酣畅淋漓的博弈之后，他们内心的突破已经数倍于普通的营销培训。

混淆了"商人"和"企业家"的差异，混淆了"名人"和"好人"的差异，给社会风气带来了很大的问题。

真相招人非议

有些事情说出来会招人非议，但那就是真相。比如，什么因素决定经营事业的顺逆？人们以为，只要勤奋、谋划科学、资源齐备，我们就能成功，其实这些要素只是成功的"相关性"元素，而不是根本性元素，或者说这些并非必要条件。

那什么才是根本性元素呢？时运。

什么是时运？时运的背后是心性、品德、态度在相互作用而呈现的曲线。经营的成功并非一定就是好运，于是坏人也可能取得不错的业绩，但是某种由不正常、非道德的手段取得的成功接下去会引发多大灾难，利欲熏心的人就顾不上了。

考虑外部条件及资源的相关性，同时不忘心性、品德等根本，这是大智慧，这才是"尽人事""听天命"。

让事情进程说话

一

有人问："老师，为什么说把理智和鲁莽作为一对范畴，就容易忽视更大的智慧？"

我回答他说，事情的"真相"是伴随事物发展的进程而逐渐显现的，甚至可以说是被进程塑造的。理智本质上终究依凭经验，而经验无法覆盖实践历程。

"难道说服、共识、规划是无用的？"

规划的价值相当于一份旧地图，当然具有参考意义而且是必须要有的工具。但是我们在前进时，要随时根据新情况来对旧地图进行更新。把说服、求取共识作为必然的领导过程是错误的。

"求取共识的努力没有意义？"

我说过，许多官员自视聪明、许多商人自认身价更高、许多知识分子清高傲慢，其实这些问题也存在于社会上的大多数民众身上。甚至有人以为八面玲珑、信息灵通（内部信息多、认识的人多）也是人格优越。

"您的意思是跟他们达成共识很难？"

基于以上原因，人们都执着于说服对方。在说服与反说服的拉扯中，只剩下挫败，如何愉快且诚恳地获得共识？另外，他们会不断地根据自己的判断，为对方贴上标签并同时从中获取对方的态度。

"那应该怎么办？"

事情本身就是动态的，这个动态内中就有逻辑，让事情碾压分歧前进。

"领导者如何做到这一点？"

让事情进程说话，需要围绕事情的分工把大家组织起来。

只要你不把自己的意见当成主导，人们就少有争论。人们，尤其是上文提到的那三种人（官员、有钱人、专家），他们的自我不允许谦虚和真诚。

"老师为何说高明的领导者是善藏者？"

善藏者不藏。他总是巧妙地让原则、规则、事情进程，把人们组织起来。高明、强大的领导者善于用弱。

"如果谁都无法真正说服对方，那如何判定谁才是真有本事？"

看他身边是否有高人、能人，如果是企业家、组织领袖，那还要看看他身边有没有几位多年追随他的同仁。

二

管理与控制是必要的，但是自组织的发生才是要义。在系统不稳定的时候，控制和收紧是必要的增强稳定性的手段。而且收紧的办法当中，必须包含指向长期稳定的力量，也就是说，收紧、控制的发生应该产生这样的效果：慢慢地，系统就不再需要控制、收紧。

在系统已经接近稳定的情况下，控制和收紧手段就是在强化导致系统失稳的因素了。企业家们需要明白这个道理，即管控是必要的，但是自组织的发生才是要义。

为了维护系统稳定所采取的控制措施，必须能够有效提升系统自身的稳定性，从而使系统降低对维稳措施的需求。否则，维稳措施会强化系统对维稳措施的依赖，进而使系统更加脆弱。

决定社会效率的根本因素

信任和理解是决定社会效率的根本因素。信任是使耗损降低的因素，理解能提高信息传递的效率，把它们开辟出来是提升领导艺术的重要手段。

沟通障碍

发生在对话者之间的有效信息传递，必然导致二者之间发生纠缠。不可沟通或难以沟通的对象之间，为了越过沟通障碍，需要对信息进行复杂的处理。沟通困难的因素包括，信息深奥、抽象、纠结、过于复杂，而且逻辑规则太费思量。

有效沟通（包括他人眼中最困难问题的沟通）表现为沟通过程中的默契、轻而易举，但无效沟通往往被理解为某人头脑问题或者对方不够专业、慧根过浅。

沟通信息格式的复杂性是由沟通者境界落差而导致的。当彼此境界接近，沟通信息甚至不需要"完整"就能实现增量（创造出沟通目的以外的效果）。

无言之教

"请教老师，老子的无言之教应如何理解？"

我认为，首先，无言之教是指人心之间的纠缠效应，他对你说话的动机的反应领先于对你话语的反应。其次，沟通障碍的产生多数是因为人与人之间无论是自身处境的不同抑或智慧层级的差异，使得彼此都听不到对方话语的所指。

"纠缠效应我同意，处境影响我也赞同，但是境界落差有那么大吗？"

科学家讲的前沿理论，你听到多少？是因为你缺乏好奇心，还是因为基础不够？哲学家讲了那么多道理，你听到多少？有多少学者都误解了前贤，你可知道？

宗教企图把人拉近，把人弄到一个平等的圈子中，结果原本属于穷究本质的智慧也庸俗化了。

"难道人与人不是平等的吗？"

宗教的平等另有深意。

"如果世俗社会不讲平等，岂不是更加混乱？"

当然需要讲平等，因为大家听到平等之后的"反应"属于治理目标，然而平等究竟意味着什么，你自己怎能不清楚。

"至少不该有特权！"

坐头等舱是不是特权？博士工资高于农民工算不算特权？某些明星花天酒地算不算特权？道德、法律、信仰，这三件事如果在你心里能圆融起来，就不会再有此等疑惑了。

争吵是很多人的思考方式

一

争吵是很多人的思考方式，尽管他们貌似也有点儿知识，但他们的沟通、讨论、思考必须借助争吵的模式。遇到他们不喜欢的、听不懂的、与他们既有想法不一致的，就说气话、说难听的话指责对方。

这样的人在人群中占不小的比例，他们日子过得很累，夫妻不和、子女不睦，即使出门假装过得很体面，但内心常常还是不能平静。

二

海洋、湖泊、江河、溪流、瀑布、水井，里边各自发生着完全不同的故事，里边有着完全不同的景象。你虽然知道它们都是水，但是从来没有想过"水"如何去构建这完全不同的景象。了解大海之前，常在井边打水、河边漫步的你，无论如何也想不到大海里边的物种五彩斑斓。

当你确定一种观点不对的时候，要记住这里边藏着一种可能，那就是你不懂这种观点的真正内涵。所以孔子行事"毋意、毋必、毋固、毋我"。

教导的任务

一

企业家群体是文化参差不齐的一群人。有些有成就的企业家精明强干，普遍善于在行动中思考，在经营中形成管理想法、发展想法，能够解决问题，达成目标。但是随着公司规模扩大，公司人员增多，业务逐渐复杂，他就需要宏观与抽象思考的能力了。于是，他们到处去听课，也跟朋友喝酒吃饭，在私董会交流，希望突破自己。

他们最容易接受的学习模式就是阅读"金句"。江湖和大学应运而生出一批"主流"大师、专家、学者，他们都非常善于制造金句。这些人的课程逻辑清楚、简单，关键是论述"明白""明确"，让人一听就懂，让人信赖，其中的金句容易理解和记忆。这些"好学的企业家"记住这些金句，马上就能去实践，他们就说"很有用"。那些制造金句最多、金句最时髦、"最有洞见"的管理学者也因此走红。

在这个时代，作为教师的你如果真的把"自我突破"当成教育任务，那是要付出代价的。最起码的代价是不能走红，其次是还要遭遇讲授的内容"是否有效"的质疑。

二

有人问："您说过无人能战胜'自我'，'自我'无敌神勇，您的意思是什么？"

我说，"自我"指的是所有人的"自我"，你无法战胜自身的"自我"，你也无法战胜他人的"自我"。

"您能说说其中原理吗？"

"自我"最基本的功能就是维护"自我感觉良好"，"自我"一般必须正确，起码是合理，或者掌控着局势。"自我"也可以"谦虚""谦让"，但"自我"不能溃败。

至于扭曲认知、自我欺骗都是不在话下的，你去查一查"自我防御"心理就会明白我说的话。

"'自我'不可战胜？"

"自我"当然不可战胜，因为这是由"自我"的基本功能决定的。但是"自我"却是可以被超越的，这才是修学之道。

人的智慧的某些突破时刻，人的心智并非受到"自我"的主导、控制。这一点对很多自以为聪明的人来讲，非常难以理解。

"没有被唤醒的人，应该就是以金句作为学习收获的人吧？"

即使被唤醒过，他们觉察到某些固执，取得了部分突破，他们过后也会忘记。大多数人主体被"自我"控制，喜欢说话，不会反思（假装反思），"自我"容易在金句中找到抓手。

第五章

精进创业

我们的未来被透支了

网上流传有各种版本的"低效能人士的 N 个习惯",本文所讲的前两则内容,也许比哪个版本都让人觉得扎心。

习惯的改变,从根本上说,是心理的事。没有"戒"和"定",难生"慧"。

养心三则,对我们来说,更多的是需要以之自省对照。

一

偷走我们精神、精力的,不是那些急需的或者重要的东西或事,而是那些有市价而且易得的。易得的东西在生活中分布得很碎,于是我们的心也随之很碎,于是我们就集中不起精神去做需深谋远虑的大事。甚至有些人连抬抬手、翻翻眼皮都要问是否有价值,他们不会为一个长远价值构造一些复杂而暂时"没用"的动作。忍耐,在很多人那里比死还难以忍受。

二

杂事夺走的不是我们的时间,而是我们去做必要事情的心思。那些不太紧迫但很重要的事情,在烦乱的心境下丝毫显不出它的重要性。于是,在搁置这些重要事情的同时,我们的未来被透支了。

定力有时就是指尽管杂事缠身，但还能时时保持清醒，明白事情的大小、轻重，在做正确的事情的时候，保持思路的有条不紊；在纷乱的状况之下，还能做出对未来的规划和有序推进。

三

专注才能心静。单纯地克制杂欲是没有效果的，最好的办法是培养起对工作的兴趣，从而把有限的心理能量集中到要事上面。

保持真我才无惧、无畏。卸下面具不是一件容易的事，这需要极其健康的心理，这是一种自我实现的状态，是一种对自我的回归。

有善习才有功成。几个层面的心理程序都进入内在、自动的控制地位。故而，毫无操守的人、做作的人、拒绝持戒的人，即使看上去聪明善辩，也不会成功、快乐。

生活享受与事业投入

一

又到了度假的季节。

还没出门，我就已经觉得度假也是个轮回：从即将到来的憧憬和喜悦，到历尽美景后回归日常的颓丧。那对比是如此鲜明，让人"一个月也抬不起头"。

这一次，突然不想再重复这个过程。盘算着，如果回家时还能抱有出发时的热情，在这电钻声、飞机引擎声、车轮声不绝于耳的城市森林中活出阳光、沙滩的闪亮，旷野、山林的空寂，和身处异域的闲适，该是多么理想的状态。

于是，我心怀感恩之情地带着工作出门。我想试一下什么也不丢，将享受和工作平等相待，使二者互为滋养，让这一切成为常态。

二

我们到底该如何生活？陷于迷惑的人往往把这个问题归结为事业与生活享受的关系。其实这一结论一开始就把生活享受与事业发展对立了起来，从源头否定了它们是一件事的事实。

要解开这个扣子，就需完成对两个问题的思考：一是生活的意义，二是享受与工作的关系。

在生活中，不要跳开生活的感受、体验去追求抽象的意义。当下生活的过程是前面生活态度与行为的结果，享受当下又是对前面生活的责任；认真生活是对未来的投资，而未来的感受、对过去努力成就的享受又是今天努力的理由。焦虑未来或者包装成一个不断努力的清教徒，这不是正确的态度。

以上讲的是第一点——生活的意义。但这个意义并非哪种抽象的智慧，真正的智慧还必须是一种现实。要真的达到这样的现实，你还得对第二个问题取得突破。这个享受必须是真享受（身心愉悦），这个享受的过程必须带来更强大的创造未来的力量，而不会以消耗未来作代价（但这个进步不一定是刻意努力得来的，而是在享受中自然得来的）。这是两大玄机：沉浸，循环。

三

一个人只有从事自己喜欢的、有兴趣的事情才更容易成功。除了兴趣外，还需要一些额外的条件，总结起来主要有以下四点：

第一，坚持锻炼身体，保持健康的体魄；

第二，养成生活与思考的好习惯；

第三，要有比较充裕的现金收入（不要拜金，但也不要与钱结仇，快乐需要财务基本自由）；

第四，要有丰富的知识和感悟。

为何是这四点呢，我认为：

身体健硕、精力旺盛，就有助于情绪健康、态度积极、思维敏捷；

养成好习惯，就可提升做事效率，就会获得更好的人际关系，就可为胜利扫清障碍；

比较充裕的金钱收入，可以用来衡量你为社会和他人创造价值的能力。这指的是一个可以衡量你的能力和入世的状态（当然不是指不择手段地疯狂敛财）。

有了这些条件，你的境界与修为就是根本性的决定因素了。

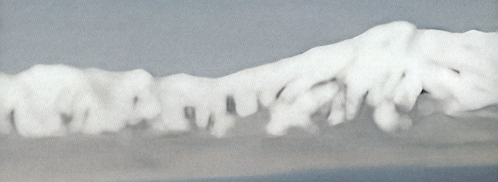

66

艾老师是丹蕨先生的夫人、

心灵伴侣，二人是大学同学。

艾老师管理着一个项目

——小爱（艾）基金，

她的理念是**不允许在视觉范围**

出现绝望的人。

大事？小事？

在《庄子·秋水》中，河伯提到了关于区分事物贵贱、大小的问题。和好坏、高低、多少一样，贵贱、小大之辨充满了辩证妙趣。河伯的疑惑，北海若解释得清楚："以差观之，因其所大而大之，则万物莫不大；因其所小而小之，则万物莫不小。"以道观之，何大何小，何贵何贱，何少何多，孰短孰长？

一

什么是大事？大事操作容易、道理简单、利益巨大。大事容易成功，虽然能成大事的人少。

为何小事更难？因为小事有利有弊！小事需要机巧。

为何成大事的人少？因为大多数人是图利的，心思容易掌控。

二

有些人选择目标、事业，会先选一个小的，以为会容易些，然后循序渐进。其实事业的大小不是计划的规模所能定的，事情的难易也不是规模所决定的。

有些人可以把世俗认为的小事做出大气象，有人捕捉大势、做大事如顺水推舟。

事情的难易不是由事情的大小决定的，而是由它是否合乎大势、是否合乎自身的情况决定的。

三

有人问："您讲过幸福心理学，提倡充实、愉悦、有意义。如何才能充实？"

能够明智抉择一项客观上可以成功的"大事"，全力以赴、聚精会神地把它做成，幸福就在其中。

"这不太容易。"

克服困难、战胜挑战，甚至尽力而惜败，都是有意义的。不曾尽力的人生是空洞的，不能明智抉择事业而为之聚精会神奋斗的人生是愚蠢的。

四

有才而性缓，定属大才；有智而气和，斯为大智。

干练、有手段、搞得掂，做大事仅有这些还不够。做大事还需要人和，需要节奏，过程本身就是自变量，不可由初始条件充分决定。

有智慧，看得明白，有预见力、洞察力还不够，还得心平气和。做事需要团结众人工作，需要大家用心。气不平和难为众首，不得人和大事无望。

顺天、应人，才智不可恃。

手比刀快

有学生说，我讲课时所说的"手比刀快"这句话点醒了很多人。

做企业的同学反省，我总是比团队快，于是团队永远不能自己主导自己的工作；擅长理论的同学反省，嘴比心快，说了一通，结果听的人根本没入心。

手是什么？刀是什么？如何手随刀走？值得好好品味。

一

刀法是搏击的需要，是制胜的需要，因此武艺的高低是由博弈规则裁定的，是由外在于主体的因素决定的。这是武道。而刀法和武艺又是武士的本领，武道还得靠武士的武术去表现。只是武士必须明白，不是他创造了武道，而是由于具备了武艺于是他在武道里可以获得自由。

手是指武士，刀是指刀法、道理，我所说的手比刀快，是指那些自逞其能而凌驾于武道之上的冒险。超越于道的"我"一冒出来，就是愚痴，不管貌似多么坚定和明白。

刀法（道理）加上武艺（功夫）就是武德（武侠），也即武艺高强，武德较高者敬重对手，领悟深刻，低调、沉稳、勇敢但不乱用其能。

　　日常生活中，我们的嘴、手总是快于心和脑。尽管最高境界是"同步"，但那只是表象，以心御手是基本的成熟。

二

　　宫本武藏说，剑道不应有"恨"，亦不应有"狠"。

　　狠、逞强导致发力不当，而动作惯性使剑术上不了境界；恨导致的惩罚对手的心也使每招每式脱离"禅"味儿，于是达不到身、剑、气三者合一。其实，我们做学问、干事业有太多欲求杂念，也是上不了境界的。

三

　　聪明人的问题：手比刀快，话比脑快。边说边想，因此，阐释的理都是"演绎"出来的，这注定掺杂很多狭隘之思。同时，话一旦出了口又成了压主的太监，使得自己的智慧都得用于去为这肤浅、莽撞的话语辩护。话多、话快的人，会一直被自己的莽撞所奴役。

　　而沉下心来，凝神静思就有机会看出究竟：

　　事理藏在事物的进程中而不是某个场景中；信息的浮现也需要过程的展开。

事中有佛

企业家真是一个操劳的群体。营商环境瞬息万变，新事物的涌现让人始料未及，团队成员的心思需要关照，面对如此多的不确定，企业家的心很乱。

一

有人问："咨询顾问帮助企业家，有标准吗？您做咨询这么多年，哪一类企业家成功了，失败的企业家有哪些共同点？"

我认为，用投机心思做实业的输了，"不懂业务，靠权术管理企业"的输了，一门心思攀缘权贵、精于资源杠杆的输了，在不熟悉的领域冒险的输了。

"赢的人应该都是靠人品、德行，行事稳重、有信用的人吧。"

一心投入业务、钻研业务，又能与人在团队中和谐相处的人多数取得了持续发展。

"您说'大多数企业家的思维与认知在多数情况下是有效的，然而也存在结构性瓶颈'。这个有效性来自哪里？瓶颈来自哪里？二者有何关系？"

好问题！企业家思维与认知的有效性来自对具体问题的聚焦，他的思维伴随业务展开，瓶颈来自他对冲突、矛盾、挫折、成功的归因，以及对未来的主观规划和教条主义的理想。

二

"您说过'领导艺术'的最高境界就是在'自组织'过程中实现组织的运行。具体如何理解？"

众人团结在目标、方向周围，在任务完成的过程中自我协调。在使命与宗旨上众人一心，这些不是通过命令、利益契约实现的，它超越了"规则"，这就是我说的领导艺术的最高境界。

这个境界可以通过对事的投入实现，只要人们忘我投入就会更快实现这个境界。领导者需要遵循天理道义，需要消除大家的后顾之忧，提振大家对组织前途的信心，让组织成员感受到工作本身的意义。

因此，优秀领导者身边的人都是在按自己的意志工作，他们无须被告诉应当做什么，也无须他人来随时提点该如何举止。

买入与卖出

"经济人假设"理论在诞生之后虽然饱受诟病，但是其理论中的"理性"光芒还是不容忽视。从商自有为商之道，即使一手拿着《论语》，另一手的算盘也不能丢。从商者坚守为商之道无可厚非，不好的是，很多商业领袖变成了全民明星。

如果我把人的思想、生活、工作，统统概括为"买入""卖出"，未必不可。

买　入

我们在学习、生活中积累的一切、投入的一切，都可视作广义的"买入"。这里头藏着一个常常被人忽视，然而理性也被它操纵了的"首要动机"，那就是图便宜。不要忽略这一点，很多大企业家、知识分子，他们身上都有这个隐蔽的动机，这是人性的一部分。面对各种获得，人们都希望捡便宜。这个动机有时藏得很深，有时会变形。只有极少数人会把"正确地买"和"买对""买好"置于首位。

满嘴道德的老板无非希望员工无私奉献而又不计较工资多少。当然，更多的人买了很多便宜货堆在家里，堆在人生路上，到头来发现毫无用处。尽管便宜，也花了很多钱，但他们终究没有享受到优质的东西。

很多很有钱的人送礼品，总是送华而不实的东西。商家也摸透了这些人的心思，于是把无用的便宜货包装成很奢侈的样子。

人生用功，总想讨巧、走捷径，不愿意付出扎实的努力，也是这个道理。这都是图便宜的心理。

卖　出

卖出呢？企业家的经营、销售，各人的贡献，各人的自我发展与人生追求，都希望里头有个"赚头"。

满嘴道德的人把"赚头"隐藏在"成功"下边就显得特别正当。

人们行点儿善，如果没有被他人知晓，就好像白干了。甚至每天健身走路的步数如果没有被手机记录，似乎都是损失。

被他人需要就是人自身的价值体现，然而人们更在意被人公开需要的感觉而不是那个真实的自我价值。人们更在意成功、道德的光环，而对是否真有境界不怎么在意。

很少有人能够默默地作出贡献，都忍不住教育别人、把口号喊得山响，以便让更多的人发现自己是"道德先驱"。

"卖出必须要有赚头儿"的动机破坏着工匠精神。工匠精神就是投身于生产，只做、只卖自己喜欢的东西。

可惜，人们总是企图"用最低廉的成本生产出别人最喜欢的产品"！这种商业精明，被商学院、培训公司，被"成功企业家"标榜为金科玉律，但这终究既不科学也不真实。商人凭着对人们欲望的控制，已经冒充圣人占据了高位，道德却沦陷了。

利与义

人们把自己跟他人、跟世界的关系，置于"利的多与少"的标准下衡量。"义"是用来解释"利"的自作聪明的工具。

遗憾的是，"道德君子"们入戏太深，挂满企业的"价值观"近乎空谈，而他们却非常认真。他们自己也是在真实地表演，他们甚至根本不知道自己是个骗子。

企业家精神与基业长青

　　大匠塾学员的企业就要敲钟上市了，这桩喜事成了大匠塾的一件大事。伙伴们比幸运儿更激动，从各地远道赶来，作为亲友团见证这个高光时刻。

　　上市是企业生命的一个里程碑。在这个时刻，不免生出太多感慨。回望创业来路，无论是起步于车库，还是出租屋，从001号员工到几千人大厂——同任何生命一样，这也是个从无到有的开创过程。

　　这就是德鲁克所言"企业家精神"的迷人之处。企业家着实是一个令人尊敬的社会群体。

一

　　所谓的企业家其实是一个集合，其中大量成员并非社会财富的创造者，很多只能算财主。

　　我把财主从创造社会财富的人群中划出来，所凭标准就一条：他所做的工作没有创造力，是任何人都能干的。

　　我说的比较纯粹的企业家是指，能够在别人不愿付出的地方付出心血，在别人考虑不到的地方采取行动，在能够带给社会利益的地方经营，在对社会影响模糊的地方放弃。

二

有人问："您认为保持基业长青的真正秘诀何在？是竞争中胜出，还是自身的不断创新？"

我认为，企业的使命就是为市场创造价值，但是市场作为经济生态的子系统一直处在变动中。因而联系企业与市场的纽带——产品和服务，既要与市场的需求同步，适应市场的变化，还要接受各种竞争的考验。

企业的生命过程是一个高度变化的动态过程，产品和服务与市场变化相适应就意味着组织、技术、流程必须不断地更新，这种更新的质量和速度方面的瑕疵都是对竞争力的威胁与挑战。

"还有其他方面的挑战吗？"

企业家在企业重大转型时刻的投资决策意识以及项目管理意识，在这种巨大压力结束且盈利到来时，容易失去敏锐性。这种高风险、大投入的事件常常会占用企业家较长的时间，并且使其陷入较长时间的高度压力中，很容易使其思维脱离那种"连续的市场体察"轨道。

再就是在企业扩张追求成长的时候，容易产生非线性产品线延伸，甚至跨行业的投资扩张，这些也会让企业家从经营性心态转向投资心理。很少有人注意到以上两种问题对企业家灵感、热情、创造力的影响。

目前的商学院关于这方面的研究还很少。企业家和资本家是不同的，他们是蝶与蛹的关系。

"成功经验"是给后来者的圈套

一

诸行无常！变化的不仅是遭逢、经历、业绩与规模，你自己也在改变。诸法无我，你自己、事业都在一张大网上呈现和演化，人只能顺应自然而不能创造道理。

成就包括两个方面：

第一，成就自己。本领、心胸、智慧，这些都需要在脚踏实地、真心实意的勤恳工作中锻炼出来。

第二，有效利他。如果社会、他人需要你，你的生命就有意义；如果特别需要你，你就是重要的人，你就需要去做重要的事。

如今一提创业，相伴而来的就是上市，就是财富榜，就是豪宅等。创业成功者终究是少数，这背后有经济法则，我们对之要有清醒的认识。

二

"成功经验"是有毒的，这种说法哪怕过激，还是有利于我们正确认识它、对它解毒。"成功经验"绝大多数是给后来者设下的圈套，把他们引向追求类似于成功却与成功无缘的方向。

真正的成功在本质上都是一步一步走出来的。至于对大势的认识也是靠每一步积累出来的，并且在每一个时点上他只明白当时的事，不可能预期很远的未来。梦想的重要性在于它可以支持热情，不要高估远见的作用，也不要崇拜远见的能力。

　　正确的信念、善良厚道的品德、乐观的态度、勤奋的工作状态等才是主要的。随着年龄的增长，我对之越发相信。

　　不要相信那些所谓成功人士得意忘形的"善意"分享，也不要太过刻意设计你的人生，你该做的、能做的只能是乐观积极、勤奋努力、常怀梦想，但要脚踏实地、边走边想。

想尽一切办法爱上它

一

有一条能够使你快乐生存的黄金定律，那就是摆脱那些你不得不做、又必须重复去做的事情所带来的烦恼，要想尽一切办法爱上它。

这看上去很简单，也的确简单，但它是有效的，同时很深刻。

当一个人必须去做他不喜欢的事情的时候，这个人是不自由的，他正在被某种责任强迫着，他必须用比正常更多的努力才能提起精神、集中注意力。他对这个过程能否创造出卓越的成果毫无兴趣，他对工作的唯一期望就是尽早结束它。

当一个人对当前的工作不能投入时，就不能从中获取感悟，他就不能同时得到发展。他还将失去由于出色工作而获得认同和其他的机会，他的心理健康也将受到损害。

长期不能投入工作导致的工作能力下降，还将进一步损害他的自尊，尤其当他意识到年龄渐长而一事无成的时候，他的整个身心状况都会受到影响。

二

上述定律的意义，就在于可以给处于苦恼中的人带来解脱的智慧。

首先，能够爱上你所做的事情，这意味着你每天工作的同时也快乐着、健康成长着。

其次，需要你爱上的事情，必须具备两个条件：一是这些事情是你不得不做的，二是这些事是必须重复做的。这些条件也是你爱上它们的充分理由。

三

做你喜欢的事情，这就意味着你获得了自由。

做你喜欢的工作你就容易成功，成功之后你会有更多的发展机会，于是你的面前会出现更多选择的自由。相反，坐等你喜欢的机会出现你才发力，那你只有停滞不前。

成功基于你的积极态度，而成功又会带给你更多的选择自由；态度消极只能导致事业停滞不前，相对于年龄的上升来说，这就是生命的倒退。

因此，我们要面对现实并朝着积极的方向果断地行进，一定要保持积极行动，这比停滞不前地思考更明智。

我们中的大多数人并非智力迟钝的人，常见的是一些自作聪明的人或者思虑多于行动的人。

横下心，辟新路

一

创业需要在我们明白、熟悉的领域展开，也需要关注不太明白的区域，在这个方向上让自己的道路、未来有更多的可能性。你想得太明白，你的一切行动都极力追求有效，于是那些"意外之福"无法降临。电影《阿甘正传》中，阿甘的心智恰巧成就了他的成功。由此看来，你的明白、你的经验、你的专业反而可能会毁了你的丰富、诗意、变化的前程。事实上，创业的本质就是横下一条心，凭着直觉与善意在未知的未来开辟一条崭新的道路出来。

聪明人不做没想明白的事，阿甘做自己想做的事，并在做的过程中跟着直觉一路前行。如果工作不是自己喜欢的，尽管赚钱也是牢笼。如果一件事是你真心喜欢的，你早晚能把它做到极致。

二

"成功的方法""不能成功的理由"是很多成年失意者重视、追寻和拥有最多的东西。

当一个人太在意"成功的方法"，他就已经在不知不觉中成了生活的旁观者，而他对自我边缘化的过程与处境毫无察觉。

当一个人拥有过多"否定一个又一个冒险、没有效益的行动"的理由和逻辑判断的时候，他就正在丧失生命的活力。

其实，很多做事的理由是事后出现的，成功的方法是在做事的过程中渐渐出现的。电影把阿甘设计成智障者的样子，其实阿甘才是智力正常的人。不信你就去看看身边的人，阿甘模样的人都过得很好，并且越来越好。而精明的人、善于取舍的人，过了中年就随波逐流，一路不回头了。

三

船到桥头自然直，"有用的总是在你需要它的时候出现"，这是一条不容易被领悟却容易被歪曲同时很难被利用的道理。

平时一直沉潜投入的事业，不管从开始、起点看多么困难，到了一个一个的节点往往会久旱逢甘霖、柳暗见花明。

有些人似乎很聪明，他们通常从一开始就纵览全部历程，"看清"了全部困难，于是放弃了。阿甘"很愚蠢"，他没那么多欲望，只是一步一步地朝前走，他没有把握，他只是踏踏实实，遇到一个问题解决一个问题。最后回头看时，成功好像只剩一个理由：他很幸运。而被欲望和侥幸支配的策略一般命运多舛，脚踏实地方为正途。

四

世上最多的是议论者、钻营者和随波逐流者，真正能主导自我、主导事业的人非常少。人人都有天赋，天赋是在投入工作的过程中被发现的，很多人之前不知道自己有天赋，于是放弃了"自己不擅长、不喜欢的",或者是因为过度计算而荒废了天赋。

其实天赋就在秉性中,你未必了解它,只是在做事的时候,通过解决问题,创造力就表现出来了。

像阿甘一样,你就能把自己不懂的事做好,因为你都不知道你到底能做什么,你也会发现空想的那些困难临到现场会迎刃而解。

可怜的聪明人来不及做他擅长的,来不及做他喜欢的,就选择了放弃。我们有无限的潜能,性格、人品是打开宝库的钥匙。

回报与心性德行相关

一

成功人士总结的经验有利于其自己今后做人做事，对他人利弊参半。教授、专家研究别人成功的奥秘，据此指引他人也是利弊参半。

你可能知道阿甘怎么成功的，阿甘自己却不知道，别人也模仿不了。回报终究与心性德行相关，精明的用途有限。

精明者常常计算一笔笔利得，不顾大义与长久，视野中唯有当前。他们中的许多人年轻有才，但鼠目寸光。须知回报不在精明，德行方为根本性因素。

阿甘被世人视为弱智，但他的善良与坚守让他无畏前行，貌似精明者才是弱智。

二

让你真心感动的，越来越不可能成为共识；人们普遍喜欢的，越来越让你觉得无味。人们常常以为靠说服、靠讲道理就可以让他人行动，其实马斯洛所说的动机才是动力，它来自心灵的需求。自动自发的行动来自动机的驱动，也就是来自内心的需求。如果你能够让道理转化为人们内心的需求，你就是领导者。如果你能够让大家在自我实现的状态下推动业务，你就塑造了伟大的团队。

三

获得不等于持有。"获得"的正当性当中，并不自然生成"持有"它的正当性。名望就是这种东西。你"获得"的名望是别人的认可，是别人的行为，当然别人依据的是你曾经的表现，但终究是别人的赋予。如果你以为"名望"是自己"所有"的，你依据名望而行动，你消费名望，那么你损失的不是这个名望，而是你自己。这个损失的具体表现不是原来名望的减少，而是另一负面名声的生长。

因此你持有某种名望的唯一办法，就是不断实现其内涵。名望在本质上就是一种负累，除非那就是你本来的样子。贪名、盗名者死于过誉，沽名钓誉者终于轻贱。所谓智者，知誉之危，守真知朴。

四

有学生问："老师，您二三十年思考、研究的是战略、领导艺术、变革等内容。您说过，组织一切问题都跟老板有关，您是如何诊断领导问题的呢？"

说是跟老板有关，并非说一切问题从老板而起，还指一切问题在老板那里都有解决的钥匙。这是领导者应有的认识。

诊断领导问题主要有两个方面：一是组织职能不全，二是CEO缺位。组织职能不全就好比人的脏器功能不平衡，这也是领导问题。组织是一个有机整体，它与环境、行业、客户、竞争者等发生着即时的互动。因此，组织的战略、士气、管控是一个整体，组织各种职能的全面性就是这三个方面得以整体实现的结果。

"那就需要建立完整的职能部门，并且依据组织所需要的能力构建某些职能？"

这是一个误解。职能是具体的，但它未必一定需要专门的部门。职能缺失首先发生在领袖的意识和领导行为中，领袖所关注的区域不应出现职能空缺。这里有两个关键：第一是领导意识在先，第二是职能构建是依从领导过程建立的。这里有一个不同于一般商学院的观点：领导不是一个人物，而是一项职能，一项最重要的组织职能。

这就是说，如果领导有问题，立即表现为"CEO缺失"。CEO是组织的灵魂性职能，涵盖沟通职能、战略建立职能、组织学习职能、运行协调职能、文化发展职能、临机决断职能……如果领导者不能胜任，组织的各项表现就会出现问题。

怎样算是自由？

一

有学生问："在老师看来，怎样算是财务自由？"

我们想做的事因为钱而常常不得不暂缓，或者每天大部分时间里所做的事都非我所热爱，这就是财务上的不自由。

"在您看来财务自由并不是纯粹的财力问题？"

我每天做着自己喜欢、能让我感觉充实的事，我就已经接近财务自由。并且当我要做大一点的事的时候，我可以解决财务问题，我认为这也是财务自由。

其实，足够的融资能力也是一种财务自由，做对大家有益的事，能够获得各方支持，这是能力、品德带来的财务自由。

二

"俗事"让人们失去了自由。人世间的事有一个共性：紧迫的事总是干扰最重要的事，投身于自己所喜欢、感兴趣的事总是要牺牲某些机遇，更大、更长远的选择往往会受到"生活安全"这一基本线的制约。

人生所谓的发展，常常是作茧自缚。一般来说，不依赖投资、储蓄、事业的财务自由，不受事业、事务牵绊的身份自由，不受习惯、既得利益制约的行动自由，才能培养出精神自由。"俗事"让人们失去了自由，这是获取俗世成就的代价。

财务自由当然重要，但财务自由并不是一个客观的东西，财务自由的限度会随着道德水平的降低和欲望的升高而变得高不可及。对很多人来讲，追求财务自由就好比井中捞月。

放下重负

一

在一家美国智库就职的朋友跟我说，他有一个同事离职，他让她说好好休息几个月，好好享受人生，不料她却说"只能休息一个月，否则账单来了无法支付，储蓄不够"。其实这是美国中上阶层的现实，美国是一个高负债的社会。

中国的小老板们则持不同的生活态度，他们不积攒一个"小目标"，心里不踏实。其实，人们对自己的社会阶层身份太执着，这成了"自我实现的预言"。那些自以为穷人的人，拼命挣钱，结果总是没机会看看周围的风景。那些自以为中产的人，就像怕死一样不敢缺钱，不敢停下挣钱的脚步。外表光鲜，其实内心常常苟且。

二

再就是"成功人士"或者过气名人最可怜。他们就像背着包袱前行，一旦形势颓落，不敢面对人生本色，于是投身宗教，假装超然。其实，很少有人想过，富也好、穷也好，成功也好、落魄也好，这都不算事。我说不算事，绝不是因为我自己无法达到富贵的状态，而是我亲见所谓的成功人士的生命状态跟穷人没有根本的不同。穷一点，如果看得开，那份自由倒是爽利。说真的，你不把自己硬当成什么人物，活得肯定更舒服。于是，我们一直不富的人生，从来没穷过。

成功、名气是人生路上的包袱，不要也好。

"愚钝"精神的两大特质

有一些聪明的、专业的人总是要在行动之前把事情想清楚，并且规划出清晰的路线图。而有一些"愚钝"之人只明白当前应该做什么，并且就去做了。结果一段时间过去了，你会发现这些"愚钝"的人跟"精明"的人的路线、绩效差别不大。再过一年甚至更长的时间，你就会发现那些专业人士已经多次颠覆、修改他的计划，并且最终因为修改太多而让事情走向不可知的方向。他的每一次大修改都会改变原来对事情的假设，于是他以"预期错误""事情不可为"而放弃了。可是你再转头去看那位"愚钝"的人，他已经走出了一条始料未及的成功大道。

这体现了"愚钝"精神的两大特质：第一，投入当下；第二，成功的路径是走出来的，而不是计划出来的。计划非常重要，但是一定不要忘了，事物是变动不居的，在前行的道路上，我们需要一些"愚钝"精神。

一场球赛

人生就好比一场球赛，可惜的是，人们总是把球场上暂时的领先、落后当成了人生的全部。人们如果心怀理想，投入比赛，用心踢球，领先、落后就不过是暂时的事情。当然，比赛的成绩也是每一步一步创造出来的，但决定全局胜负的因素与步步必赢的战术不是一回事。

做啥啥香

人们做菜时，讲究食材、调料，把最好的食材与调料扔进锅里，结果味道可能并不好。在生活中，人们争抢各种资源、拼学历，步步争先，结果一生不幸的人有很多。

你只做"当前有用"的好事，未来却不一定能实现良好的目标。

拒绝犹豫

人们总是轻而易举地就能找到不去做某件事的理由，这是对机遇的忽视。机遇并不是偶然掉下砸在头上的馅饼，它也并不稀缺，稀缺的是能够识别、珍惜机遇的那些品质。

人们的心就像春天大风里飘在空中的垃圾袋，总不能落到实处。阿甘并不比别人有更多的机遇，只是他行动多，顾虑少。

生死临界

人的心性，类似高原反应。平时看不出差异，有高原反应的人自己也不觉得，然而到了高原就会显现，甚至会因此致死。这是巨大的生死的分别，遗憾的是，待我们发现时，可能已无力挽回。

我们这辈子错过的很多重要的事，没有几件是因为艰难险阻，只是因为我们缺少勇气与真心。

　　人们所羡慕、所炫耀的幸福、成功，很多就是在悬崖上前进，一不小心就会坠落谷底。我们要做优秀的百姓，做无名的英辈，交义薄云天、脚踏实地的朋友。

聚焦成功

一

我撮合两位朋友合作。我说，不要多讨论形式，大英雄干了再说，干的过程中就把形式完善了。三流人物总是摆姿势，摆好之后机会就没了。我又说，不要过多讨论利益分配之类的问题，把成功率放在首位，干成了，一切好谈。现实中把事情干成的人很少。聚焦于成功的人才是大英雄，瞻前顾后，满嘴规矩的人干不成大事。

二

什么是凝聚力？有三个要素：第一是清晰的战略方向、思路以及满意的利润；第二是老板对过程有清晰的了解、把控，对责任、成就、危机洞若观火；第三是阶段性的感情沟通。这就是领导艺术。没有利润，方向不明，不会有凝聚力。对过程糊里糊涂，不会有威慑力，就会失去核心，就没有凝聚力。没有定期正式的感情沟通，没有团结向上的氛围，就没有凝聚力。

三

领导者的管理能力从他所感兴趣的事情的时空跨度可见端倪。

容我举例：打游戏，你来我往，不容思考就必须回应，于是兴趣锁定，投入其中，这个互动、反应的时间非常短，没有留给你溜号走神的时间，于是会很投入。打球也是如此。

但是做管理工作，你的指令则需要几天、几周（如果是战略决策可能会需要几年）才能得到反馈，于是很多人在中间的空档就会松懈、心生旁骛或者转移关注点，如何管理这个空档是经理人面对的挑战。其实，恰恰是这个空档最考验人。

第六章

社交礼仪

谈判的艺术：大气谈判之道

一

谈判是一种最具挑战性的沟通形式，是为完成某些观点或信息交换而在企业间进行的沟通，成功的关键在于双方的信任与高度开放的态度。

就某些新观念、新见解而进行的"对话"，成功的关键在对话者之间的默契以及共同思考的能力。

就某些分歧所进行的协商，需要通过角度的交换，达成谅解与妥协。

利益存在冲突的双方，在彼此缺乏信任、信息不够完全、合作存在多元选择的背景下，所进行的关于构建某种合作关系的博弈（策略的互动）过程就是谈判。

谈判的目标是建立彼此满意的合作关系，而实现目标的过程本质上是博弈。同时，这种博弈与战略组织之间的博弈还有不同，除了组织及其成员的策略性参与之外，双方主谈判手之间面对面的较量无疑给彼此又带来了额外的压力，并且由于人性因素和情感的加入，这个过程有时变得异常复杂。

二

实战的谈判经验告诉我们，谈判中有些人追求榨干最后一点好处，有些人则追求公平的双赢。前者虽然并非总能够获得最大的长久利益，但他的思路、方向是清楚的。后者则不然，谈判中，双赢以及公平都有着极不确定的含义。

由于前述谈判这种沟通形式的特点，采取第一种策略的人自然不避巧诈，甚至会采用欺瞒、利诱手段，但尽管手段如此，只要成交物符合约定标的要求，这种做法在商业伦理上并无不妥。对此等风格的人，成熟大气的谈判者能够做到"以德报怨"，这是由于他们悟到了：人生或者事业不是由一笔交易构成的。他们看到了大利的所在以及趋小利的代价。

那么怎样才算大气呢？任人宰割吗？当然不是。老子讲："有德司契，无德司彻。"大气谈判之道讲的是，虽不作过分要求，但同时也不给对方任何可乘之机。这其中包含的是"内圣外王"的不尽哲理。

大气谈判之道还意味着，把满足对方的合理期望当作实现己方利益的途径和手段，同时还会自然而彻底地遏止对手的欲望（没有约束的、随时出现的投机企图），把成功变得"势使然也"。此等作为必能赢得敬畏与信任。

"大气"之风绝不是权宜之计或者简单的态度选择，"大气"饱含参悟的底蕴，乃有"德"有"力"之为。君子谈判的要领是将谈判变为"德""力"交融的艺术。

三

中庸举止自然透露出成熟与大气的底蕴，优雅、持重、有分寸不仅能赢得对手的尊敬和信赖，还能够从自我体味以及对手表露出的敬畏与艳羡里得到温和平静的滋养。

优雅中庸的谈判有三大要素：无涉妄图、绝不妄动、旨在伐谋。

无涉妄图

什么是我在谈判里可以获得的？我可以在谈判中期望什么？

我不否认一些职业谈判顾问倡导的榨干柠檬的技巧的有效性，但是有一点是确定无疑的：融入骨子里的精明，与视野、胸襟开阔、志在千里的高明是两种无法兼容的性格，抑或处事态度。进一步讲，如果超越交易目标你还关注个人品牌（或者你注定是一位有社会影响的人物），那么谈判中你的表现对你今后的事业乃至生活所发生的影响，势必要比精明者能够估量的要深远得多。

大气谈判者首先要思考的问题是：对手为什么与我谈判？他对我的依赖是什么？失去谈判，他的机会成本是什么？满足他的要求我的代价是什么？双方此次合作的获益分别是什么？我与对手为促成此次合作，各自贡献了什么？

在兼顾了彼此资源的稀缺因素后，贡献与所得的相称应当是确立利益分享的基础。我的建议是：

第一，不要过度利用己方资源的稀缺性（除非这种稀缺已经构成我方持续的盈利模式或战略要素）去"讹诈"利益。

第二，举手之劳不必一定要对方付出代价，尽管对方因此有大利入账，也不必一定要分一杯羹。

第三，如果此举对对方意义重大，当尽心助之，主动且细致，不要让对方有太多担忧与牵挂，每次接触尽量给对方留下轻松的回忆，切勿自以为是、纠缠万端。

第四，初次报盘可以考虑我方所有优势，但勿忘基础（贡献对称），不可贪图信息的优势，牟取暴利。如遇分歧，大大方方，保持积极又有原则的沟通。

决不妄动

找准谈判对象。害人之心不可有，防人之心不可无。

谈判本身非常复杂，且舍命求利者众多，举止轻浮、涉世不深或者急功近利者经常被对方利用。经常有人以不对谈判负责的小人物来进行试探，待探明你的态度、底盘后，决策人物出场，把所有前诺一笔勾销，正式谈判从头再来。信息好比作战中的地形地势，是谈判制胜的要素，高明的谈判者在探明对方决策者之前决不表态；任何场合，不露声色；坚定主张，后发制人。

另外，谈判中的信息沟通还有其独特之处。双方想法并非一下子说出来的，旁敲侧击、含沙射影是常事。"迟术"是我多年悟出的上乘心法，凡事要先"等一等、看一看、听一听"，所作的回应或者询问都应赋予"敲一敲"的功效。还要保持心中有数的是，必须明了哪一拳势如泼水，哪一招尚可迂回。

千般小技无非为了摸准大势，但明大势之前，任何出招都有妄动之嫌。掌控了大势，就不要再对情绪、要挟做任何回应，只需静待，其力自然可除。

因此，高明的谈判者一定能够确定在何时以及何种情境下才做出回应，何时只是耐心静观，不动则已，每动必有目的，必有结果。

旨在伐谋

在谈判桌上，我看到太多的人做出了太多无效的努力。驱迫和说服在谈判中通常是没有任何效果的，很多人热衷此举，只是表现了自己对要获取利益的关切，以及害怕失去合作的焦虑。这种单边立场的思维恰恰表明了谈判手对谈判的本质缺乏最初级的理解。

谈判的本质是博弈，这意味着双方交换信息产生的直接结果就是各自对策略与目标的调整，唇枪舌剑的背后是策略的互动。

高明的谈判者的一切举止言行都是有目的的，都在传递着己方的底线、己方的其他选择、对对方的认识以及策略烟雾。

决断一定是对方自己做出的，没有人能够强迫他，我们只能通过提供信息、角度、态度、暗示后果，来影响他自己的判断和决定。双方确定的谈判目标、谈判策略都会在谈判过程中不断做出调整。

然而，谈判的挑战在于目标往往掩盖或深埋在策略的下面。高明的谈判者不仅要求能够区分真实的目标和要价的策略，还要能够不露声色地触动他背后深深埋藏然而却始终敏感的神经。有经验的谈判者会把精力集中于选准策略以击垮对方的非分之图，而花拳绣腿毫无补益。

谈判的艺术：谈判，力量来自策略

这是讨论谈判的艺术第二则。

谈判的风范需要时日的涵养，它在极大程度上依赖于谈判者的性格或处事态度。而谈判的策略，人人可用，谈判者知道了合适的谈判策略便在对弈中如虎添翼。

不过，谈判不是目的，"谈判的本质是对利益的维护"，以此为导向寻找创造性的方案，以共同利益的最大化来安置立场之间的冲突，这才是谈判这项活动的目的。所以，如能将谈判化为协商或对话，那是最高明的谈判。

这就不仅需要对策略的娴熟运用，更需要开阔的胸襟和志在千里的高明，还要回到"大气之道"。

谈判风范——大气表现

我谈的是谈判中的风范，那是基于身经百战的感悟之后的大气表现。如果我们对结局无法揣度，就势必被忧虑所折磨，无法掩饰对一切的怀疑和顾虑。决策之际首鼠两端，言行固难从容，更不用说对他人体谅而雍容雅量。

谈判自如潇洒，背后的支撑点是深谙谈判的策略。我不太看得起那些自诩或被人奉为大师的谈判家所讲的技巧。交易本身就是模糊的竞局，如果你不准备欺诈或侥幸占便宜，你吃大亏的机会远比老人们提醒的要少得多。但无论如何你都必须熟练掌握策略。整个谈判过程就是策略互动的过程。任何谦恭都是以你有攫取之力作为前提的。掌握策略你就会胸有成竹，紧张之下仍似闲庭漫步，享受紧张的博弈。

过程本质——策略互动

大家一起想象买卖二手别墅的情景。不懂谈判的买卖双方是如何谈判的？一个人拼命讲他的房子如何如何好，甚至还举例说多少人都在与他谈购置之事。另一位则拼命讲房子的缺点，以试图压价。

这是非常低效的做法，谈判中的这种单方努力毫无效果。高明的谈判者的每一行动都是由策略驱动的，双方的每一次交锋都是策略的较量。

再看上述案例，房子这种特殊商品一般按区位和商品特征都会有一个市场基准价。房主无疑想卖一个超过这个价格的好价钱；买主呢，则无疑想买一个便宜价。那么，他们应如何实现这个目标呢？

要超过基准价成交，意味着卖主必须找到一个特殊的买主，这个买主得正好特别需要我的房子所具备的一些特点。正是我房子的这些特性对他构成了不可替代的价值，为此我当然可以收取额外价格，这对他是值得的；而买主呢，他企图寻找一个低于基准价的市场机会，那么他需要找到一个急于成交的人或者去发掘存在某些"瑕疵"的房子。

大家都清楚基准价并不意味着现实的成交机会，错过机会直接意味着成本增加。老练的双方在交谈中一定是充满策略的。卖方所有的产品描述都是小心地定位在对买主的现状和策略的推断上面，并不时暗示产品的竞争性和对成交的心不在焉。买主呢，则针对卖主最突出的优势进行消解，告诉他房子是买给他人住的，这些表面优点给他增添了许多麻烦，他无奈还要投些钱去做些改善，这无疑加重了预算负担，卖主必须降价才有成交的现实可能。或许他知道卖主急于成交，于是表现出极大成交的诚意并坚决要求降价。

借这个案例我要说明的是，谈判中的信息传递是由策略驱动的。你的言行必须从策略出发。

谈判力——策略要素

知道了策略互动的原理，接下来要知晓的是"什么是策略的要素"，这是发挥策略效力的砝码或王牌。

谈判中，成熟谈判手必须百分之百警惕那些敏感要素，一方面要绝对保守秘密，绝对不能让对方知道自己的"特别兴趣"，甚至有必要无害地释放烟幕以干扰对方的判断；另一方面还要努力透过烟幕并抓住蛛丝马迹做出推断：对方的秘密是什么。

这涉及比较高级的洞察力与推理技巧，这是没有止境的，但这超越了一般谈判能力的范围。千万不必将谈判工作神秘化，掌握了策略要素的基本知识就足以胜任相当复杂的谈判，毕竟谈判终究还是合作者之间的事情，没必要去相信那些凶险的描述。

首先，谈判为的是合作，合作一定产生价值增长。第一原则是分享利益时，要以贡献为基础。在价值创造中做出更大贡献的一方，理所当然地获取较多利益。这似乎是明确的，但实际情况要复杂一些。为了合作，双方还要有所付出，这未必容易考量，有无形的、有形的，可能还要考虑时间和精力的因素，这种付出的不对称也应在最终利益分割中有所考虑。

其次，合作的效用也是十分敏感的要素。如果这次合作对你来说，意义深远，那么你就比对方更需要这次谈判，你在谈判上就会弱势许多。这同时构成对方索取的基础。如果对方发现你对谈判的需求更加急切，这同样是你的坏消息。

再次，是否有更多的选择余地也是决定谈判力量的重要因素。甚至哈佛大学的教授们会建议你在谈判之初就做好这个考量，有人甚至建议在正式谈判之前就设好谈判的底线。一旦超越这个限度就转向替代的合作者。事实上，更聪明的做法是迷惑对方，使对方始终处于我们"替代方案"的压力之下。

最后，我们也必须同时推断对手的替代方案。我们可能用一些手段试探出对方真实底线，也会通过"往没有蛇的洞里灌水"（将计就计）来努力破除对方设下的迷雾。了解对手，为的是避免盲目的行动坏了大事。

还有一些要素也会构成影响谈判走向的因素，但真正的策略要素就是以上这几点。

谈判的能力，指的是能够敏锐识别这些要素，做出准确判断，同时干扰对方的判断，并依据这些力量捍卫利益。

人格力量——谈判范围

有一位谈判专家把谈判者以其能力、风格特点做了分类，并用动物来比喻，很有趣。

他把容易被人牵着走的人比为羊，把认死理、死犟的人比为驴，把爱耍伎俩的人比为狐，把高瞻远瞩、识大体的人比为枭。

我们讲的就是枭的风格。在这里，我强调的是策略的力量，即强人在不同处境下通过策略所能实现的利益的最大化。

先讲一个概念——谈判资格。为什么一个大公司必须坐下来与我谈判？那是因为谈判利益好比封在山中的宝库，我与他各掌握一句咒语的上下部分，我们彼此离开谁都无法获取财宝。我心中的这半句咒语就是我与他谈判的资格。

强大的谈判者或占据主动地位的人（领导力也是如此）在谈判中总是朝着缩小谈判范围的方向努力，而处于被动地位的人总是力图扩大谈判范围。

在中英关于香港问题的谈判中，邓小平坚决拒绝主权谈判，让英国一开始就失去了增加任何麻烦的机会。本来撒切尔夫人准备将谈判定位在以主权换治权，但这是以《南京条约》《北京条约》《展拓香港界址专条》等条约的有效为前提的。邓小平把握这个原则问题时的准确与坚决是了不起的。他不承认这些条约的有效是基于公理（当时世界上的殖民地所剩无几），英国无法坚持条约的有效，于是就此失去了谈判的资格。

很多人没注意，更精彩的是邓小平不仅是收缩了谈判范围，实质上他是彻底转移了谈判，把谈判转为对过渡时期交接工作的协商。协商与谈判是性质完全不同的沟通过程。

英国人后来还是试图增加麻烦，提出让香港人参与谈判和交接协商，这样在三方会面中，英方便可扮演维护香港利益的救世主，将水搅浑。矛盾复杂后，英方出面调停，就会有更多影响力，要获得其他筹码。邓小平当即回绝，理由同样充分：谈判是主权国家之间进行的，不是中央与地方的。这个例子可以清楚说明对谈判资格的控制带来的策略主动。

战略家一定会把自己的资格用到极致，并同时不给任何没资格的谈判者以机会。

关注大场——立场与利益

谈判中，出于对策略的把握，我们会形成一系列基本立场，这些立场可能是对某些问题的看法，也可能是对某种观念的坚持，或者干脆表现为一些毫不动摇的原则，这些都是我们的立场。

比如前述案例，中英谈判中，邓小平同志拒绝就主权问题谈判就是中方的立场；再比如，在买房案例中，买方坚持自己的预算为硬约束，这同样是一种立场。坚持这种立场都具备一种策略效果，那就是迫使对方要么答应一些要求，要么与我一起在现有条件约束下共同努力，寻求旨在突破的创造性方案，抹平差异，实现双方利益的满足。

立场既是交易一方的原则（可能是根本利益），更多也是一种策略。这种策略通常都有十分明显的值得对方尊重和理解的理由，否则会显得霸道和无礼。对谈判范围的控制和争取，实质上就是双方有关立场的较量。立场作为策略工具的效用是人所共知的，但本文要强调的是：对立场的努力捍卫有时使一些谈判者忘记了它的策略价值，把对立场的坚持变成了一种僵化的谈判态度。

谈判的本质是对利益的维护，如果对谈判要维护的利益失去敏锐性，那么你就无法在捍卫利益方面表现出出色的创造力。通常，谈判陷于僵局时，你首先要思考的不是继续推进和施加压力，而是应当关注：存在如此之大的差异，背后一定有双方互不了解的隐虑！

你应该开始一个倾听和发现的过程。倾听是一种超越听力的读心术。倾听应当从一系列的线索中发现可能的逻辑，从这种逻辑中会导出一些可能使你吃惊的假设。接下来，你应当发掘机会去试探和验证假设，得到更加智慧的洞察力。智慧从来是指超越一般感官获取对事实理解的能力。

当你理解了差异的时候，你首先应当确定的是：我到底要不要让步？如果让步，我将得到的是什么？我对这个结果满意吗？

如果你觉得这已经不是让步的问题，因为这涉及的根本就是交易结构的不成立。换句话讲，为了实现双方的利益，根本不应当尝试这种零和博弈，若要实现双方的利益，应当寻找更好的交易与协作模式，那么你应当有创造力地与对方一起突破。

这样的思维是利益导向的。这很简单，但需要灵活性，需要你对利益产生机制的深刻理解，对彼此关切的利益及其差异有深刻见解。为了创造利益，我们彼此需要，而不一定要战胜对方。谈判桌不是战场，谈判结束时不能"尸横遍野"，而是要找到各自获利的解决方案。在之后的方案实施中，彼此依然需要配合。

在我谈判的经验中，这样的例子不少。为了某个目标而去，结果做成了另外一件事，这或许是因为原来的设想不可能得到对方的配合（可能是因为不符合他的利益诉求），或者是我们共同发现了借助彼此资源更好地创造价值的途径。

关注利益而不是立场，这有点像围棋中的情形，要关注"大场"，一旦局部稳定就应"脱先"（"大场"和"脱先"均为围棋术语。"大场"是指在围棋的布局阶段，棋盘上的各个战略要点。"脱先"说的是在对局双方的接触战中，对对方的着法暂时置之不理，争得先手投于它处。一般具有争取主动的用意），关注最大利益的行为才最有效率。

影子谈判——复杂的人性纠缠

《哈佛商业评论》有文章论述过影子谈判（shadow negotiation）理论，并提出了如何驾驭谈判背后另外一个较劲的战场。这是一项有益的研究。

事实上，人们在交往中总会有这样的困惑：你说的并非对方听到的，对方总是试图对你的意图而不是对你的言语（直接信息）做出回应。交流中充满猜测，于是成见和谗言就有了巨大的市场。

与此同理，人们不仅关注利益，同时关注获得利益的过程和感受，关注其他的相关人如何。因此，情绪和复杂个人因素的加入，使得谈判中的许多回应显得难懂，有时甚至莫名其妙。

我要指出的是：对手的价值观、忌讳、伤痛、信仰、弱点等，作为成熟的你应当清楚，不要去碰。情绪是不可捉摸的难题，成熟的外表下情绪一旦发酵，会像生物一样地成长，在他心中会出现一个假想的敌人，那个敌人将附在他心中属于你的形象之上，甚至生出报复的心态。谈判中的许多争执与谈判的真正利益分歧无关（尽管他们大声声称这是原则问题）。

关于如何对付谈判中的复杂人性难题，我有如下心得分享：

1. 谈判者的名气光环会起作用，谈判者之间的人格实力有一个潜博弈，人们对冒犯的耐受限度，态度的攻击性，甚至底线等都会由于对手不同而做出不同调整。

2. 千万注意不要使事情变得复杂，只有愚蠢的头脑才会把简单的事搞复杂，为此，谈判一定控制分歧，聚焦在真正的利益上面。同时，不妨假冒情绪受害，借以理直气壮攻击对方，借机探清对手底牌。

3. 对一些过分言行、情绪表现、无理要求最好不理！这比辩论高明。

4. 对一些浅薄举止、粗俗玩笑，"不应"为上，勿出于照顾其面子的目的而应承，或显示反感。

5. 对交流中的某些价值观问题以及复杂问题的见解，千万注意不要轻易给出评价，习惯评价他人和他人的观点绝非好习惯。不回应不好，评价又不合宜，所以我建议：对价值观以及复杂问题的见解（通常是对方深思熟虑的见解）的回应，必须深思熟虑。不要轻易无原则地认同，也不要评判。

6. "威重"是一种力量。威重在谈判中的表现通常可做这样的描述：不轻易讲话，所言必中的，深刻且有特点。"由于不讲话，你的话就会变得更重要"。

66

"小布灯"是丹葳先生的孙女，

也是掌上明珠！爷孙俩是最亲近的朋友。

99

人脉与社交

一

　　人到了四十多岁，爱好社交的习惯一定要有所收敛了，节制社交是这个年龄以上的人的一项重要修身法则。

　　在年轻的时候，二十几岁，多走走多看看，与形形色色的人打打交道，对他认识社会、了解世情很有好处。但到了四十几岁，由这些肤浅的接触得来的直观知识已经没多大用处，于每天交往的"新人"处得来的多还是那些重复的庸俗。

　　四十几岁的人了，精力也越来越不济，要处理的问题也越来越复杂，别人对你的期望也越来越高，你肩上的责任也越来越大，对你思考的要求也更高。节制社交是节约时间的策略之一，同时减少与无聊的事、无聊的人接触也有利于你洁净身心，保持沉思的习惯。

　　我看到许多这样年龄的男女还像个长不大的孩子般每天穿梭于酒吧、茶室、饭厅，哥长姐短地"交朋友"，分享那些被夸大了概率的"成功"消息，还号称富有"人脉"，不禁暗觉滑稽。

二

　　发展人脉是个大智慧，岂是这种交往所能完成的。

人脉从表面上看就是你所认识的"有用的"和"潜在有用的"人际关系，其实这其中奥秘很深。人脉不是一个联系方法就可以建立的。画在纸上人际关系是一条线段，但不同关系这个线段的差异就大有学问。要主动发展人脉首先要知道这条线段的道理，接下去才会明白如何发展人脉之道。否则没节制地交往，像个交际花似的跳来跳去，以此期望交个好关系得点好处，这不就是买彩票吗？

三

"德不孤，必有邻"，人脉是修行的果报。不慕高枝，不吃请，不收礼，结交同好则无顾忌。

如今交通、信息都不是障碍，社交也无须专门安排，人脉悄悄地在变得不如以前重要，因为人脉容易建立了。在社会上，老朋友不再像以前那么珍贵，新朋友眨眼之间就聚了一群。

人际关系中的那种古风其实很美，有了这种温馨，才有天下一家的义薄云天。

时下有三种最具人气的所谓学习。

一种学习是为了编织人脉，成就生意。学习不学习就那么回事儿，人们需要社交、帮扶、交易。

另一种需求也非常大，抱团取暖，相互慰藉。人们很多活得很孤独，缺乏意义。

第三种学习是为了制造崇高感，主要是鼓吹公益、社会责任感等。成就"伟大"是深植在人们心中的重大欲望，以一种方便的形式实现这种体验，很能吸引大批人群。

这三种都不能算是真正的学习。所谓知止，君子目的就在果报里边。所谓心想事成，是借着一个堂而皇之的"目的"去满足人性弱点、按摩心理阴暗面，后果不好。

四

我认为，"节制社交，节制阅览"是君子之道，也是对如今形势的医治之策。人们太容易扎堆扯淡并冠以美名，人们有太多的"经验""智慧""鸡血"来冒充智慧。

什么是"儒、释、道"？人们只从表面了解儒释道的分别，对各家的精神内核却不求甚解。

这是一个完整人格的三个姿势。菩萨常取对象位立心，儒家君子心、事圆润于当下立德，道家取旁观位审美立道。然而于你所知的三家中的大德，无一不是三个格位圆通俱在。

可鄙的文人们总结否定中国历史的时候，可悲的道德救世主一味尊古的时候，都陷入了三格分裂的处境。

"图便宜"和"有赚头"

一

如果我把人的学习、生活、工作等，统统比喻为"买入""卖出"，并非不合适。

学习、交友等需要积累和投入的一切，都可视作广义的"买入"，这里头藏着一个理性常常不了解，然而理性也会被它操纵了的"首要动机"，那就是图便宜。不要简单忽略这一点，很多大企业家、知识分子、宗教导师，他们身上都有这个隐蔽的动机。这是人性的一种。人们针对各种获得，都希望捡便宜。这个动机有时藏得很深，有时会以变形的形式表现。

只有极少数的人会把"买对""买好"置于首位。满嘴道德的老板无非希望员工无私奉献而又不计较工资多少。当然，更多的人到头来会发现买了很多便宜货堆在家里、堆在人生路上，毫无用处。尽管便宜，但也花了很多钱，且终究没有享受过极品。

很多很有钱的人送礼品，总是送华而不实的便宜货。商家也摸透了他们的心思，于是把无用的便宜货包装成很奢侈的样子。

人们总想讨巧、走捷径，而不愿意付出扎实的努力，也是这个道理——在买入时存在图便宜的心理。

二

那卖出呢？企业家的经营、销售等都是"卖出"，它涉及各人的价值贡献、各人的自我发展与命运追求，谁都希望里头能有个"赚"头儿。

满嘴道德的人把"赚头"隐藏在"成功"下边，似乎如此就显得特别正当。

人们行点儿"善"，如果没有被他人知晓就好像白干了。甚至每天健身走路的步数如果没有被手机记录，都是一种损失。

人被他人需要就是自身的价值，然而人们更在意被人公开需要的感觉而不是那个真实的价值。就好比人更在意成功、道德的名声，相对来说，却不怎么在意思想是否真有境界。

很少有人能够默默地散发影响世界的光，而都忍不住教育别人、把口号喊得山响，以便让更多的人发现自己是道德先驱。

"卖出必须要有赚头"的观念，破坏着工匠精神！工匠精神就是投身于生产，只做、只卖自己喜欢的东西。

可惜，人们总是企图"用最廉价的成本去卖别人最喜欢的产品"。这种商业精明，尽管被商学院、被培训公司、被"成功企业家"标榜为金科玉律，但这终究既不科学，也不真实。这就是几千年来圣人既需要商人而又压制他们的原因。

遗憾的是，如今不同了，商人凭着对人们欲望的控制，已经冒充圣人占据了高位，道德沦陷了。

买入图便宜，而忽视买对、买好；卖出希望有赚头。这是人性中根深蒂固的一直在起作用的观念。

现有的、真实的，不如别人以为的。

三

人们把自己跟他人、跟世界，置于"利"的多与少下面衡量。"义"成了用来解释"利"的自作聪明的工具。

最遗憾的是，道德家们入戏太深，满街的"价值观"、满企业的"价值观"都是胡扯，而他们胡扯得非常认真。他们自己也是真实地表演，他们甚至根本不知道自己是个骗子。

商人的"精明"跟"小气""伪善"是同义词。

我们的生命几乎都耗费在了跟各种身份的人打交道上，同时我们也在轮番扮演各种角色。心与心的直接接触非常少。

人们说的患难见真情，指的是处于危难之中的少有的裸心时刻。去掉身份，不让外在差异阻挠沟通，真心相见，这就是裸心。

对待真相的态度

一

这个世界其实是没有真相的，起码是没有全部的真相，包括"成功""财富""名望"，甚至"历史"。这就是宗教存在与生生不息的原因之一。

人们在把信仰真相的人视为英雄的时候，又同时把怀疑论者当成了深刻的人。科学家是把怀疑现实、信仰真理平衡起来的典型。

人们在用宁信不疑的态度对待他人的时候表现出了菩萨形象，遗憾的是他们不能体认人们在用怀疑态度对待小概率、巧合事件的时候同样也是科学精神。

这个社会不是完美而是根本不完美，那些你所讨厌的人、所讨厌的态度、所讨厌的现象，支撑着你所喜爱的一切。只不过这种支撑不是科学眼光下的支撑，而是因缘的支撑。明白这一点的人不多，自以为是的人多。

二

真相只能留给后世。"真相"的保质期大多不长，现在的真相过一段时间就腐烂了，人们会很快把它遗忘。假设有一个人能活五百岁，他对待真相的态度就定与你不同。

还得回到我说过那句话"这个世界，其实就是个笑话"，阴谋论者已经成了一个标签，于是贴标签的人就拥有了某种暴力。凡事尽可能聚焦解决方案，但对巧合、小概率事件，也包括一系列状况的吻合，应该报以警惕，这是科学态度。

朋友

"您说，不讲义气的人没朋友，交朋友首先必须讲义气，其中有什么道理？"

记得我说过"爱是有格位的"吗？你不把我当老师，我就必须把你当朋友或者路人，于是就不能棒喝、辅导、教诲，有些话就不能说。你不把我当大哥，我就难以自作多情地认你为兄弟。夫妻、上下级等关系背后的身份及心理都是如此，彼此呼应才能形成关系。

按照身份合宜的心态去表现，就是"义"。义者，宜也。这个态度包括情感、认知和行动。

傲气的人，不容易有朋友；自私狭隘的人，不容易有朋友；胆小怕事的人，不容易有朋友。谦逊、真诚、勇敢、豁达的人，有真爱、真仗义。

无需故意

"您常常讲到一些温馨朴素的快乐，我如何才能找到这些快乐？"

我不是领导、不是大师、不是名人，所以不需要故意"稳重"、故意"矜持"、故意"很难联系"、故意摆架子，于是大俗人的快乐就萦绕不去。

如何体味那种"秋天下午"幸福的能力？

人在现实社会，会慢慢地变得浮傲起来，这种傲骄被认为是一种进步。就好比一个人，尤其有一定身份的人物，混迹人群，渐失锋芒，还以为达到了圆融的境地。但个人生命价值的实现，在于更多的人接受了自己的奉献。

匆忙应付的答案

有了问题，不一定要马上给出答案。没想明白就慢慢想，匆忙给出应付的答案很容易自己都信了，这样会误事的。

我上课、演讲时回答提问就是这样，想明白了的就说说，没想明白的就说没想好，自己不明白的就告诉提问者我也不明白。我想明白的，如果对方不同意，我就建议他慢慢想，并且不一定要同意我的意见。

有人问，铺天盖地的自媒体的文章，尤其看那些大 V 的文章总觉得不对，但是逻辑上又看不出有明显的破绽，这是为什么？

其实，他们是在正确地论述错误的前提，他们所说的现象并不存在，他们所述是偏见。但是他们论述的过程没大毛病，人们被带沟里去了，这也是一种催眠。

老板封顶理论

"我在网上看到老师在二十几年前说过的一个'老板封顶理论'，说的是企业老板就是组织境界的天花板。"

权力、权威，具有自我封闭的功能，它们有形或无形地在把老板不完美、有瑕疵的信念、方法、态度理论化和真理化。处在权力最高点上的人可以把欲望、野心以及解除焦虑的期望统统呈现为一种"积极态度"，并以此为基础构建出人生、事业的理论。当他意识到逻辑的瑕疵，他会在这种意识澄清之前就开始进行督导、宣传、推销甚至强压。组织里的下属常常逢迎着他，下属们失去了独立思考的锋芒，而退化为执行简单任务的工具。

人们对事物的态度，取决于"自我"的感觉。当自我顺当时，外面的世界可以风和日丽或者将自我衬托得更好。如果自我不顺当，那么外面的一切就遭殃了。

尽人事，知天命

"您说'该自己努力的不能求人，该交由命运的就不该强求'，啥是该自己努力的，啥是该交由命运的？"

我说过有三件大事不求人：生死、操行、道德功夫。命运由德品负责，伎俩无用。

千万不要刻意苛求让孩子早早得志，他们得志后就会在浅薄的人生履历上做长篇总结。

的确少年得志的人后来婚姻不幸的多，气量也不会大。

早年经验浅薄，后续就难以处理复杂的事业。那无异于以尺量山，以勺量海。

年少得志的人，整个思维、心态都更容易有问题。

胜在全心

您认为该如何应对严酷的现实与惨烈博弈？

"以子之矛，攻子之盾"，结果就是矛、盾皆损。《孙子兵法》的第一义，就是无人可以被你击败；其次，任何失败都是败在自己的错误；第三，自我修炼，立于不败之地；第四，制敌之策：必让敌人为他的错误付出代价。

"义利无诤"，能徒手攀岩不坠，凭的是自己那颗安静的心，掉下去也是因为自己那颗心。

接洽准确以定心

"戒交友不慎，是何意？"

每个人都有自己的特点，在接触的过程中，你的心态如何稳定？这就是要点。有些人，是你的反面教材；有些人，是你自我反省的镜子；有些人，是你潜在追求的理想形象；有些人，是你需要保护和珍惜的至亲、挚友……在接触的过程中，只要对他人定位准确，就无所谓可不可以交往。

来不及

"您为什么说（很多人讲）情怀只不过是拿来说说而已的？"

不然说什么？说自己拜金，唯利是图？

马斯洛的启示你没有注意到，人们并非不明白以义为利的真理，只是来不及。人们被目标的"难度"绊住了，活不出从容，来不及完成自我实现。

《情书》

一

《情书》是一部老电影，最近在影院重映，昨晚观看了第二次，剧情主线是女主人公对已故男友感情的起伏变化，直到最终释怀。其中有两个情节特别具有教育意义：第一个是76岁"爷爷"在藤井树高烧的时候，在深夜冒着鹅毛大雪背她去医院，奔跑了38分钟，几次扑倒在雪中，自己几乎丧命；另一个情节是，母亲放弃了在爷爷活着的时候搬家的想法，爷孙也从此更亲密……

其实我们都是妈妈、藤井树，也都是爷爷。在日常生活中，我们没机会舍生忘死，却常常被亲人嫌弃，他们不知道或忘记了我们有多好。我们也常常抱怨家人，我们不容易联想起他们是可以为我们献命的亲人。

另一个感悟是，藤井君爱上女主人公似乎是或者说就是因为她身上有藤井树的影子，但她绝不是藤井树的替代品。其实所有爱情都需要那个或某个影子的牵引，这个影子往往就是人生机缘。

二

"您说生活中的不和谐主要起因于人性？"

我们忽视了自己的不完美，我们期望他人（比我们自己）更好，这样才能让我们感觉舒适。这个期望在我们心中变成了"他人应该做的"，因此我们常常感到不满。

　　我们，包括我，满嘴道理，满嘴智慧，实际上生活却是一塌糊涂。你的美好生活来自你的人品，而不是你对"他人比自己更无私的需求"。

对目的任性

大多数人活着就是为了赚积分，积分就是别人对自己的评价。遇到别人夸自己，立马就高兴并致谢。人缘好是一种成就，但不能成为目的，而且人缘好也不一定就是成就。当然有成就的人不一定被人熟知、追捧，但一般也不会人缘不好。人缘跟人品有关联性但不是因果关系。把人缘（被人认可）当成积分去积累，不明智。

对目的任性——三种职业

"您说跟三种职业或有该职业特点的人，您会保持距离。一是律师，二是搞投资的，第三种是什么？"

保持距离并不意味着一定就不相处，这里边也有我非常喜欢的人。搞投资的人那种"选择性敏感"，多数律师一味求赢而忘情义，是我不愿意亲近他们的原因。你问的第三种就是"以整合资源为竞争优势"的企业家。

整合资源能力是很多人发家的起点，他们在交友和所从事的工作上，都带有明确的目的导向。

对目的任性——白话文

我说过，白话文是一种用"对目的任性"填补了逻辑漏洞的

"思维模式"。

白话文的"表达得清楚、明确"不是真的清楚和明确，而是在白话文所开创的共识世界里集体忽略"各自""独立""省思"达成的表面的一致性。"真相"的"真"必须或说只能在独立省思的地方暂时获得，独立省思是探触真相的"触角"，一旦毛躁或者任性，心灵即会与真相分开。

省思的"所得""所至"无法通过语言传达至另一个心灵。这个世界的一切真知识，都只对省思之人打开。就好比消化功能不好的人品尝美食，不过只能得到口舌快乐而已。

"君子"之道

如果"放下"目的，而且还能积极投入当下（专注于可能性），这就是"君子"之道，如果积极投入潜在机会并且执着于目的，这就是成功学。能够进行这二者之间的比较，这就是聪明。

做事，只要自己认准了是正确的，就聚精会神把它做到极致，不要短视，不要目的性太强，因为它的回报不在当前。

人生历程中，无论我们处在哪一段、哪一刻都会有独特的感受，而且这些感受一生只出现一次。尽管后来由于听到当时的音乐、嗅到那时的气味会把你带回那一刻，但也是转瞬即逝的。一起过了几十年的夫妻、多年的老友，说掰就掰，是因为无法切境追忆过去。人们记住的是场景，记不住感受。所谓的感受记忆，也是被言辞包裹住的。

人的一生就是由串起来的每一刻的感受组成，它们只属于它的当下。每一个当下对应的都是一个跟它一样的心灵格位，时过境迁，格位不再，感受也就不再能够召回。

"讲"与"听"

一

你认为一个人就另一个人的问题，像你一样分析透彻并讲解出来，被分析的那个人会接受吗？不会。

当 A 讲有关或针对 B 的道理时，B 通常听不进去。这种说理通常是说给旁观的 C 听的。就比如我此刻说给你，你一听就明白了。但那位老板听不进去。怎么办呢？此刻明智的 B 应该以 C 的心来听，就能接受了。我们所谓修炼，不是要你读多少东西、了解多少知识，而是要你能"换位"。再说了，这个讲话的人如果明白这些道理，他的讲法也就跟着变了，这就是"思维两方"。

如果 B 无法了解 C 的心，怎么做到以 C 的心来听呢？

B 只是 B 所处的立场，只不过这个立场似乎是先天赋予的，或由客观事件决定的，比如"父亲"。但如果父亲可以体谅儿子 C 的感受，C 的认知、情感、行为就会跟着改变。我们说的"思维两方"不是技巧，是功夫，就是说 B 如果能够以 C 的心去处当下，这就是学会了换位的功夫。这并不容易，但这就是我们学习的内容之一，也是很多高情商、高水平领导人拥有的能力。

二

我说，世上的人们就像处在一张大球形网上的无数个虫，彼此之间都有着或粗或细的有弹性的线，将大家连接起来。这个大球就是社会，这些线就是彼此之间的关系。连在你身上的无数连线决定了你是谁、你的地位。这个球看上去很稳定，作为球上结点的各个人似乎也很安稳。

其实当你走近观察，你就会发现生活在自己位置上的每个人都正攥着拳头、浑身肌肉发抖、满头是汗、神色紧张或者憔悴。每个人都在为了保住自己的位置而不停地挣扎。虽然球还算稳定，但每个人都不轻松，活着很累。

有没有谁不在乎自己的地位从而可以活得轻松一点？马斯洛说基本做不到。

三

人们忙完不得不忙的事（这些事很多事不得不做，有些做起来很煎熬），就立即陷入迷茫、无措、无聊、莫名的烦躁。如何打发这些属于自己的时光，难住了人们。有真实爱好的人不多，有充实希冀的人不多。于是人们要么同流合污（一起喝大酒、搬弄是非），要么打游戏……人性的弱点在此刻就登上了王位。狡猾的商人们最会赚你这种钱。

有些人，会读读书、打打球、练练拳，养几条鱼或者花鸟，也有人吹吹笛子、写写字、画幅画。也有人会发起百日流浪。

沪上深秋美得不得了，身披秋阳，坐在一棵大树下边，边上一壶浓茶，聆听一曲老歌，身旁伴着一条老猫或老狗。忽而有鹤发童颜的旧交登门，送上几句志同道合的话……从此再不琢磨成仙的话题。

不同层级的交流比跨越语种的交流更难

一

　　人与人处在不同的智慧层级，这是极其明确而又简单的事实。因为处在较低层级的人更多，他们所达成的共识、认知处在更低的层级，因此形成了一个特定的"世界"。

　　处在较低层次的人，对高层级的智慧不能理解，不愿相信其存在甚至不怀好意。因为觉察到自己的无知，会让他们感到不安。

　　当各层级的人聚在一起试图交流时，会发现智慧的差异使沟通变得异常困难。尤其是当某些人不懂还自以为很懂的时候，他会对你妄加评价、议论、定位。所以，不同层级之间，智慧是很难用言语传递的。

二

　　贪、痴是一个人处在他所处层级的基本稳定状态，而嗔则是发现境界不及对方时的反应，慢、疑也是常见的心理状态。

　　糊涂的人们，天天讲超越自我，但他们怎么可能做到？自我是很多问题的根源，这没错，但是智慧没达到很高级别之前，自我也是第六识（指意识）突破的唯一希望。那些宣称达到"无我"境界的人，哪一个不是以自我为中心的？

　　不同智慧层级的人之间交流，比跨越语种交流更难。于是你会发现真正的智者总是傻呵呵的，他没心思与你"正经"说话。你听不懂，还去"判断""评价""认识"对方，而且还带有"情绪"。

老炮儿

一

老炮儿是非常可惜的，本来是非常有趣有义的人，到老却落入俗套了，没活出应有的风采，就成了老炮儿。他们见识多，脾气傲，朋友少，穷酸，但依然忠厚。

我身边的老炮儿挺多，他们跟我交往很容易，因为我也没钱。我的"三无"（无权、无钱、无名）反而成了我与他们交往的优势，那些有权有钱的忌惮我，不仅因为我不羡慕这些，更因为我知道他们的弱点和短板，并且我还心疼他们。

穷困的老炮喜欢我，不仅因为我的"三无"，更因为我欣赏他们的过去，不介意他们的古怪，而且能看到他们身上被人忽视的光芒。

二

如果你能明白"万法唯心"，我就可以用《易经》的表达方式跟你说两方面的感悟。

首先是亲情。何谓亲情？就是寒冷的冬日，外面下着雪，你与家人围坐屋内炉旁，喝茶、吃东西、叙话；或者你从寒冷的户外回家，快到家时，看到窗户上透出温暖的橙色光芒，联想起家人已经做好了热饭在等你。或者你在这样的屋内，期待着他（她）回家，感受着这份期待……这就是亲情。

第二件，禅静。这是文人追求的最高境界。在古色古香的房间里，窗外下着雨，偶有清凉的风从窗缝中进来，你手里拿着一本（最好是）线装的古诗文集阅读，桌旁或屋子中央有一个小炉子，上面煮着茶水。或者有一位志同道合的朋友，不请自来，突然敲门。就这感觉，微凉是关键，稍冷也可以接受。我最不喜欢乌嚷、无聊还自以为挺幸福的那帮人。

三

交朋友要学鲍叔牙，能忍受对方自私小气；做事业可效管仲，忠于自己的原则而不执着于上风。孔子在学生面前评价管仲时有所保留，这种"保留"，孔子在编《春秋》时突破了。孔子在日常生活中不总像在《春秋》中那般透彻地说"义"，这是因为他担心人智不及。

观看《卢旺达饭店》《血战钢锯岭》这两部电影，可以改变你日常的交友观和人生观。在关键时刻，那些平时看似强硬的人会变得软弱，而那些平时不被待见的人才显露出英雄本色。

不与俗人争辉，能在身后留下荣耀，这是高尚的人格。无论是治国、经商、交友、育人、治学、恋爱还是发展爱好，都不要耍花招。敢于诚实地承认错误，勇于改过，不怕吃亏，甘心被奸人轻视，就是接近圣贤的境界。

"故意乐观"与"表演成熟"

一

昨晚跟几位朋友聊天时，我提到，当今社会"故意乐观""表演成熟"都不是你们所谓的正能量。只有真诚面对现实然后冷静、踏实应对才是正能量。

这话有三层意思：

"故意乐观"是把别人当成安抚对象，而自己却假装承担起了"稳定社会"的"责任"。这种"愚乐"会让人们在面对长期、反复、艰巨的形势时整体情商降低，更容易感到绝望和沮丧。

"表演成熟"是指热衷于维护社交形象的人一直以为"淡定""胜券在握""临危不乱"才是有魅力的表现，因此哪怕内心充满了不安，也要装作成竹在胸的样子。

二

我提醒大家的是，"风林火山"代表的是正义和智慧，面对现实才是"中正"的体现。

我告诉大家，我一眼就能看破"愚乐"之人的孱弱无知，我一瞥就能看破"表演成熟"的伪善。

宣扬儒家思想的很多实际上是法家，儒家只是把仁义行出来。

没有经历过"被逼无奈"的人，他们的一生都被庸俗的规定所束缚，其实我们本可以活得更精彩。

社会的格位

"为何社会上总是流行各种低级骗局？"

取一个格位给社会，社会的智商、道德水平都不高，所以亟需贤达之人。

"保健品"

"您怎么看'保健品'的本质？"

保健品本质上是一种食品。很多人对自己的健康过度担忧，商家利用这种心态，将普通食材包装成灵药，就成了保健品。

"这就是本质？"

商业的本质是，企图利用人们的心理把东西卖贵一点，好卖一点。

主动"受骗"

"您说金融骗局不算什么，还有更普遍、影响更严重的骗局？"

养生、美容、成功、公益慈善、开智修行这五个领域，骗局更持久，对人心的蛊惑更强。

"为什么？"

被骗者主动"上当""受骗"，以及他们对设骗局之人维护，这两点才是关键。

生活的目的、意义

其实我们并不了解我们所熟悉以及自以为熟悉的事物或事情，除非我们正在经历它。其实我们常常不知道该干什么，只有开始做了才知道。并且下一步该干什么，也是来自上一步提供的机缘。

人们之所以越活越没劲，那是因为他们以为自己知道的太多了，于是就失去了活力。目的和意义是干出来的，目的和意义存在于真正善良勤恳的生命状态中。

"人活着的目的究竟是什么？人生的意义究竟在哪里？不把这些问题想清楚，每天就会像无头苍蝇，面对多个要实现的目标时就会陷入混乱无力的状态，进而思绪也陷入一片混乱或空白！"

扯远了！把该承担的责任担起来！只有能够爱别人的人才会活得踏实！只有勤勤恳恳的人才会像《桃花源记》里的人一样活得简单踏实，只有好吃懒做的人才会假装深刻从而逃避责任。

"我真的没有逃避责任的意思，我只是希望从意义中获得动力和内心的安静。"

人生最大的秘密在于：目的和意义不是前提，目的和意义是干出来的，目的和意义存在于真正善良勤恳的生命状态中。老实、厚道的人，在老实、厚道中"消解"了问题，而不是像那些好吃懒做又假装深刻的人那样总是在寻找答案，后边这种人，他们看似拥有美好的品德却具有回避奋斗、回避实干的倾向。

有问题，便去寻解。这似乎是顺理成章的，其实是荒谬的。真正的问题是：为什么会有这个问题？这是问题的根本。为什么有些人没有这样的问题？没有这个问题的是些什么人？这个问题在这些人身上是如何消失的？因为这些人压根没思考？不是。真正的原因是这些人生活充实，不务正业的人才会有很多看似深刻的问题。

从问题中了解他是否有责任感和担当

不干正经事的人就容易陷入看似深刻而注定无解的问题中，务实、踏实、勤勤恳恳的人没有这些问题。从他的问题当中就能了解他是否真的是一个有责任感、有担当的人。问题来自一个人的品德、现状，而不是智慧，真正能够活在当下的人，其面容是充满正气、阳光、单纯的。

这种问题，可以让人体面地逃避责任，但他自己都意识不到。记住：是"有没有责任感"把人分成两群，一群是假装寻找意义，另一群是从助人为乐当中发现意义。

这种状态是在恶习中形成的，我说的恶习指的是好吃懒做、没有担当的习惯，以及对认可、对关注的过度需求。

把爱给出去就是幸福，有爱给不出就会陷入无力感。取得成就的人通常非常"享受"给予爱的过程。

做事能取得成就的人通常非常认真，但是这种"认真"不是无法取得成就的人所能懂的。什么"毅力""吃苦"（虽然有时必需）都不是最要紧的，本质是投入、专注，因为热爱所以享受。

要做到"享受"那个过程，物我两忘是其图像，这才是"格物"。

"小破心"

人的这颗心，常被人们以为是一种主客二元对立的带有情感的理性机器，其实《大学》早已经看透了它。自欺才是人心各种活动的更高一层的逻辑，人的"自欺"非常巧妙，五花八门，它绕过了自觉。但有一条，我们行善、耍滑，表现出故意的诚恳、刻意的勤奋……除非我们达到忘我的境界，我们这些精心策划的完美表演"都是在掩饰恐惧、自我防御、自欺欺人。

除了热爱、物我两忘，各种善品都是可疑的。

因果之间的错时、时滞

人们归因除了受自我偏引，更多不明智的归因不智是由于因果之间的时间差。反应，以这种习惯，往往等不及真正后果出现。

最常见的是，战略决策的对错一般至少一年以后甚至更长时间才能看清结果，而董事会却会因为股价的一点波动就换总经理。

施加的"因"，人们往往看不见其效应，而依照当前（非此因之果）表现匆忙调整，于是一事无成。更复杂的是，一路走来你从未闲着，那个"果"之因就更为错综复杂。

鉴"茶"标准

一

　　真正能够品鉴出普洱茶的味道，而且还能分辨其层次的人，我没见到过。我见到过能区分普洱茶味道的人，这已经难能可贵，可是在他们品赏的时候都是先知道"答案"（即世俗的看法），然后附和着给出自己的见解。

　　我收到过"顶尖茶痴"手里流出的"极品"，这使我对以上观点更加坚定。我喝过的普洱茶，来自各个名山、名寨，有不同年限的，我对茶韵、茶气的品赏方式和标准也在不断发展和变化。

　　树龄、产地、年限、采摘时间都成了鉴茶的标准，这些标准看起来似乎很科学。

　　人们试图依赖自己的舌头和口腔、咽喉来判断，实际上它们的感受受到你的"知识"，（也就是偏见）的影响。

二

　　人才跟普洱茶一样，若你并非出自名校、名门，也没有漂亮的履历表、名人推荐、各种头衔等，一般人对你也就容易未"品"先知，容易做出负面评价。

人才在遇到伯乐之前看起来就是块土坷垃，世上有多少人才因未遇伯乐而被埋没。

对于茶，我通常是先品尝，然后立即做出判断，而后随口问其出处。相人，我也是如此。我不在乎你的家世、学历，等等。

缘境而起的心

我让大家回忆自己印象最深的"幸福时刻"，并跟大家说一说，结果大家讲的都是某个特定的事件、一个过程、一群人、一堆评价。

能把"感受"鲜活地描述出来不容易，能把"情感"记住的人不多。而且恩、爱、喜悦不容易被记住，怨、恨、嫌倒是容易固化在口、身、意里。

我们为何难以忆起感受？感受源自心灵，就是那个缘境而起的心。时过境迁，情如流水般逝去。不过，当时听到的音乐、闻到的气味里边夹带着呢，当你听到情窦初开的那一刻听到的音乐响起，甜蜜的感觉自然回来。

一幅油画

去柬埔寨买回的一幅油画，虽然朴实但充满真诚。十几年过去了，一看到这幅画，我立即就能重回当时的情景，彼时的色调、情景一同再现。

小和尚从远山里的寺庙中走出，小孩在嬉戏，有人在耕田，有牧童归来，有男孩在喂牛，有男子在做家务。高高的椰子树，路边有莲藕，架高的木板房推开就是高窗平台，有人坐在那里发呆……

如梦如幻，像童话世界一般。

后来在边城——沈从文的家乡——再次遇到这种光景。傍晚，三省交界处的居民出来在浅水中嬉戏，不分男女老幼。水边是居民的家，也有小摊和餐馆。游客、居民混在一起，在水中玩耍，不知谁是外乡人。洒进树叶缝隙里橙黄色的夕阳，慢慢退去，人们就各自回家了。旅馆都很小，大多有露台。住宿的客人，晚上在露台上喝茶、闲聊，操着不同口音，散淡悠然。

节日感

有一种苍凉是随着年纪渐长渐失了"节日的感觉"！应该很多人有对"节日的感觉"的记忆，那是一种无比幸福的感觉。节日是大家一起放松、共享欢乐的时刻。丹蕨堂应该可以唤醒人们迷失的对节日的记忆，召回散乱裂解的心，重归童心、天真。

我们思考，我们工作，我们玩耍，但心底铺满节日的幸福感。

生活中的一切好坏都来自习惯，来自生活方式，幸福不是一劳永逸的。

停止了锻炼，身体素质很快就会下降；停止了读书，人很快就会浮躁；停止了修行，心性很快就会衰变……

要成好人，就做好事，但并不是领了"好人证"就可以睡大觉。

人的宿命，就是沿着习性形成的轨道浑浑噩噩地前行，还以为前面有希望！只有遇到贵人，听其霹雳棒喝、接受其耐心辅导，或者遭遇逆境、重大挫折，挨顿揍，才幡然悔悟。很多人不服气，自以为聪明，到头来气血渐衰，失去希望，晚景不堪。

两种程序

多数人的头脑里只运行两种程序，一种是由习气、习性驱动，依照惯性运转，他们所过的每一个新的一天都不怎么"新"；另一种则常常是满负荷运行，主要目的是让自我感觉好一些。

第一种没什么新意，第二种则不同。第二种不仅努力让自己觉得自己不错，尤其在第一种程序让你陷入困境、尴尬的时候会创造性地发展甚至发明理论，来使自己解脱。

第一种就是"糊涂"，第二种就是"常有理"。他俩合伙让"自我"在昏睡中过完"有意义"的无聊一生。

两种程序并存纠缠

人们把"相关性"错当"因果关系"的动因，三分之一是智力不济，三分之二是由于心理原因。悲催脆弱的心理，对"防御"的需求不仅很大而且随年龄持续增长。

看社会观点的论战，人们的思维、逻辑就是要让某个观点成立，而对真理的发现、人格发展没多少兴趣。

为什么如此固执地需要这个观点？主要还是心理原因。四十岁以上的人，更少认为真理、真知代表生命的利益。习气的任性放纵与自我防御的无缝配合，把大家带入到了"被幸福、被成功"的苦难深渊。

来自"需求"的动机比"意欲实现"的精进动机诚恳。

当我们贫寒，我们对"受尊重""被认为过得很有质量"，需求就增加了。当我们被贫寒折磨，我们不大会投入很多精力而变得富裕，我们会投入更多的敏感去争取人们对我们贫寒的理解、尊重，当然最好是欣赏。

精神面貌与容貌是一体的

精神面貌与容貌是一体的。唯一的区别在于，发现精神面貌之美，比一眼发现人们说的容貌之美要滞后一点。

要发现精神面貌之美，需要体味德品。

若无德品，外貌就如画皮一般，没有真正的吸引力。

美人画像暴露的是画家的审美水平

人们对自己容貌的重视超过了对品德修养、才华的关注，这是一个十分明显的心理真相。但是容貌又是心性的外现，我们虽然最看重容貌，结果还是越活越丑。我们把精力用在容貌上，结果使我们因小失大，缺乏自知之明。

能让自己的容颜看起来美丽的人不多，艺术是最能呈现美的领域，但是能呈现怎样程度的美，考验的绝不是技巧。就拿美女举例，自古至今关于女人题材的名作，没几个能真正透彻地表现美丽的。画不美，人们就拿思想深度说事儿。

把人画丑借以表现深刻是很容易的事，把俗见当高见是最常见的。

把美呈现出来，不是一件容易的事。如果大家都努力去做了，则高下立现！能把美以高雅的方式呈现出来，还需要你的灵巧心思。

绝大多数的美人画像，暴露的都只是画家的审美水平。

美的责任在自己

人的美跟皮囊关系不大，而且美的责任都在自己。

当你不再寻求证明，不去炫耀、逞强，不再求得认可，不再与假想敌对抗，不再追求谁的恩赐，基本就不会太丑了。

当你遭遇误解、低估、蔑视，也不要去争辩、解释；平时不自以为是，也不故意表现自己的优越，那你就会更加从容，更加大气。当你还能包容别人的粗俗，体谅别人的难处，并常常主动送出关怀，就更美了。

如果你还能做到"闻过则喜""以义为利""见贤思齐"，能有"敢为不可为"的义勇担当，那么你就是真正的"美人"。

第七章

生活真谛

情爱关系是一件艺术品

一

初恋和初识，常被贴以"恋爱的启萌"和"朋友初见"的标签，但这是刻舟求剑的做法。初恋和初识其实是一种感觉、一种心灵境界。

这种美好的感受，在一般平庸的人物那里只出现在这两个特定时段，但是用这个时段给这种感受起名字具有局限性。在高洁的雅士那里，君子相慕，可持续一生之久初识，夫妻恩爱，从初恋走到白头。"人间有味是清欢"，然而谁能解这清欢？

二

情爱关系是一件艺术品！它不仅是美的，更是被创造出来的。

在情爱关系中，男女分别成为可以使这个"关系"变得优美的某种存在。这是他俩本来不一定是某种存在，而当前他俩所成为某种存在恰好合成了那件艺术品。只有身处这种艺术品当中的人，才能体会到对方如何看待自己，以及各自不把自己视为对方以为的模样，从而增强了对方把自己视为什么的态度。

三

他与她走在一起之前，那是一种"自由选择"，他、她是谁也是某种"随缘"的机遇。

但是当他、她结合，如果产生了真正的爱情，他们彼此就具有了唯一性。不能认为岁月改变的只是境遇，共同走过的那段历程随时在改变我们的灵魂。

四

当我们说"懂"谁的时候，只有在一种情况下是说对了：那一刻他也懂你。除此以外，也没多大意义。

当你（感受到）爱他的时候，那一刻一定是你体会到了来自他的关怀、欣赏，这不仅是情爱的规律，也是亲情的规律，也是友情的规律。

五

人的情爱可以分为三层。

第一层是肌肤之美。在无间中体会亲密感受（弗洛姆："克服分离"）。

第二层是诗意之象。诗化对方是一种伟大的心灵创造，是一份巨大的财富。彼此关系变得疏远也是从这个意象的破坏开始的。

第三层是恩爱之情。彼此心存要为对方付出的温馨意愿（类似负压）。

　　当只剩下第一层，彼此关系就已经干涸了。第二层的维护不仅需要诗意的浪漫气质，还需要不断地共同创造新生活以及彼此保持适当的距离。第三层是修来的福分。

把生活过出音乐的旋律

子在齐闻《韶》，三月不知肉味。孔子自己都很惊讶：不图为乐之至于斯也。

音乐里藏着什么，能不费吹灰之力，将我们带离或带至某处？

"任何真正的智慧都必须是一种健康的态度，这个态度可以通往，意识里和深深埋藏在记忆中的任何美丽光景。"无论是诗礼乐，还是烟酒茶，都是一种启示。所谓"游于艺"，追求的是一种自由境界。

一

音乐里不知道藏着什么，有些曲子总能让我静静地哭泣。

它们或伤感，或深刻，或温馨，或悠远，或盛大，或凄凉。

二

声音和声音之间的寂静，前后声音之间的变化，构成音乐。音乐进入我们的耳朵，我们的心也在随之起伏。我们是被旋律打动的，于是在心里，那些逝去的终于没有逝去，萦怀不去的是整段的乐章。

声音并不是音乐，递阶而行留下涟漪也不是音乐的本质，音乐作为一个整体的意义是其奥妙所在。我们被音乐一路引领，最终被这一整体打动。

朋友之间也是如此，偶尔的冲突和狂喜不是本质。朋友的本质由共同经历的时光决定的，是一旦一方离世后留下的对他的整体怀念。从这个怀念之中淘出来的才是人生的精华。智者能够在当下把握这个本质。

三

"翰澜第五智慧有没有一个例子导引初学去理解？"

丹蕨：其实第四、第五所谓智慧，是一颗不聚焦的心。第四（思维两方）是跨格位的，第五（径程）是沿着时间轴展开的变化。

以音乐为例，你不能从音符的逻辑去领悟音乐的本质，音乐带给你的感受、意境来自它整体的旋律，并且当演奏出现错误瞬间被你发现，说明你对未演奏的内容"无知"而有"预期"，这是最好的例子。

世间的事流衍而有因缘，不是空穴来风，跟音乐类似。所谓有待无求，所谓未卜先知，所谓善《易》者不卜，就是当下联通未来"知而不知"的展卷过程。

四

世界并非只有道德境界分层，换一个视角，把世界"投"进音乐中，你会感受、领略各种不同层次的品味。

我要说的是，生活本身就是音乐，我们如果不必借助乐曲而把生活过出音乐的旋律，这不是一种高贵的智慧吗？

活在同样的时空，由于心灵的境界差异，我们的心竟然处在不同的世界。

五

听音乐碟片时，其中一段的旋律立即唤起了曾经在某地的回忆，让人身临其境。本来这是早已经忘记了的记忆，不料被音乐唤醒，并且被它彻底地带到了那个情境。

然而如果故地重游，却不一定找得到那个感觉。与其说这个感觉属于此地，不如说那个情景储存在音乐中。那么这个音乐是什么呢？什么才是它的真相？

其实音乐就只是音乐，不过是一把钥匙而已。那一切存在于心中。

能够忆起的就一定可以重来，只是不以原来的面貌。必有一种生活方式、生活态度，可以与那首音乐发挥同样的作用，能够把我带回到真实的美好当中。

任何真正的智慧都是持一种健康的态度得来的，这个态度可以通往意识里和深深埋藏在记忆中的任何美丽光景。

音乐不是重温美好的依赖，音乐只是启示我可以重新过上美好的时光。而自身应该开发出那种态度，而不是仅依赖音乐帮助我们开启。

闲趣是真正的解脱智慧

从咖啡如何品，好茶如何泡，说到对生活的热爱，对天地的心意。

这份心意贯穿在对各种人间事的玩味中：烟斗与雪茄、物件、音乐、诗歌、艺术、爱情……

有人艳羡我品玩生活中的高趣，有人还是对艺术无感。我的父亲说，任何事情、任何知识都得过手（亲自体验）。过手，还得带着一份心意。

一

咖啡如何品？听再多道理也没用。自己动手煮一锅就立即知道了。

选上等烘焙过的咖啡豆，打碎，用泵压式的咖啡机打出一杯咖啡，一尝便知。

直觉上，好像是设备、技术、原料决定了一切，其实并不尽然。这些因素很重要，但这些因素与"你对这一过程感受的契合程度"才是根本。就好比品茶，不是自己冲泡（至少是亲眼看着这个过程）就不会有太契合的感觉。别人拿给你一杯外边冲好的茶，你就品不出太好的味道。

品，并非你对对象的客观属性体验的感受，而是一种全程投入的认知过程。你需要亲眼看过茶的形色，看到好水，看到或古朴或精致的茶具，看到茶叶的颜色浸入水中，甚至周边的环境，茶友们的心情。这是一份"敬"。

粗俗并非指缺钱，而是缺乏那份对天地的心意。人对世界的态度、对生活的态度不是通过苦行得来的，而是需要修养。如若一个人对世界对生活没有太多美好的体验，没有辛勤地去创造美好，没有随性自然的"玩趣"心态，没有借着兴趣与他人建立友好的交往，你的心怎么会善良呢？

善良源自对生活的热爱。这份热爱，乃是一种人心与世界相连接的基本桥梁，在这个背景之下你才会平和。与世无争也不是一种消极逃避，而是心底的富足，"寒酸者好起纷争"。

二

雪茄也可让人获得一种闲趣。将茄客归为吸烟者，是因为疏忽了这类人群中真正的玩家，靠吸雪茄解瘾的人不算上等茄客。上品古巴雪茄的味道的确是迷人的，但品雪茄也如同品茶，需要过程体验。资深的茄客都是自己储藏雪茄，窖藏多年使其醇化，并且将不同的雪茄作比较，时常亲自除去霉衣，在最闲暇的时间静心体会。

看着咖啡缓缓泵出，顺滑如丝绸，香气四溢，舌感、香气直沁身心。有了这个形成过程的观察，对那份味道就多了立体与物质"硬化"的感觉。这个体味与创造过程一体化了。

闲趣是一种真正获得解脱之后所拥有的智慧。解脱后未必就完全无欲了，那份幸福、闲适，"好玩"乃"无毒的欲"。

无论任何话题，都不能只说不做。要亲自动手，亲身经历才有资格说话。

必要的清高

一

孔子讲"里仁为美"，后来有孟母择邻。这其中都有重要的道理！一方面环境对心灵是有影响的，另一方面我们自己有能力和责任去选择甚至部分地造就自己的心灵环境。

十年前，一位跨国公司的领袖谈到他的成功经验时强调"要节制社交"，无意义的饭局和聚会，自己是绝对不会参加的。

我的经验也表明，修炼内在，沉静地思考，培养独立的学术精神，涵养高贵的气质，陶冶善诚的心意，都需要节制社交。

今天，造作、浮躁之风如此之烈，面对这种现象，我们更应严谨做人。毫无疑问，我们需要入世，需要慈悲，但这与我正在说的是两码事。静之要，清之高，沉之戒，庄之美，对养心太重要了。

出于工作和谋生的需要，我们的伪装和闲谈已经够多了，自家那点空间怎能不珍惜、呵护？

二

参加社交活动时，大家叫嚷着达成表面的"和谐"，这已经削弱了你独树一帜的气概。因此，节制社交是涵养气概所必需的。

出席论坛活动，当一个平庸的论点被普遍接受，那么其他人发表更高妙论点的动能也就随之消失。你想要发表突破常规的有见地的言论——这是创新所必需的，但也同时带给你风险，使你处在不再平静的状态。

<h1 style="text-align:center">三</h1>

我不是不喜欢而是不愿意过多接触（或者避免接触）那些过于热衷社会活动的人。那些人没有完整的心智，与他们接触会消耗你的能量，让你感到空虚、不充实、不安静。节制社交、淡泊名利，聚精会神地做事，这是我们应追求的生活态度。

上海味道

这是上海最好的季节。

无忧的云，曼妙的风，华美的落阳，清朗的月夜。

实在是太喜欢上海这个城市！其他地方的味道都不同，上海有其独特的味道。

这种味道当然不是来自陆家嘴、张江、漕河泾或者虹桥枢纽，而是新华路、长乐路，或者它们附近或者整个上海。对，是整个上海。

是"情人味儿"吗？淮海路、衡山路到处弥漫的那种浪漫气息？不是。这些气息只是背景。小市民气、假洋鬼子气等气息的混杂都是背景，上海味道的精华是文人味儿。

如今几十年过去了，那些真正的文人不在了，顶着文人帽子的未必是真文人了。但是上海尤其是深秋的上海，文人味儿还没有消散干净。每到秋天，骨髓里的小气泡就被唤醒、放大，其中充满着民国时期文人的气氛。

你可以从空气中、上海秋天的阳光里，强烈地感受到那时文人的情怀、艺术家那种孤独而温馨的快乐。卷着一本书，背着手走在小河边，漫步在梧桐树夹杂着银杏树的步道，踩着能没过脚的落叶，时不时地有斜阳懒散地射在身上，体会那种饱满的喜悦，又生出一丝忧郁，其乐无穷。

上海味道，无法去说，不能分享，品味到它就是一种缘分。

一次猫咪护子

假期的最后两天，哪里人都很多，不如在家与猫狗为伴。

本文所记猫咪护子事件相当惊恐。和人与人之间的相处一样，人类和宠物的相处，尊重是前提。

花咪和白咪是我家的一对恩爱猫咪，已经生育了十几窝小猫。两只猫总是一起照顾小猫，白猫作为爸爸十分尽责。

最近一窝小猫咪出了满月，家中的一位阿姨要拿走一只给他的老乡作伴，我们同意了。但我们警告她不要当着花咪的面去拿小猫，她不服气。因她经常给猫咪喂食，自觉与猫咪们交情不错。她用棉衣裹起一只就准备走，没想到花猫和白猫尾随着出来，开始花猫只是喵喵直叫示意她把小咪放下，并观察她的进一步行动。这位阿姨并不理会花猫的警性鸣叫，直奔房门。

白咪和花咪看懂了她行动的含义，叫声已经发生了根本变化。花猫的叫声已变成带着愤怒的呼噜噜的声音，白咪的吼声都足以叫我胆寒。我立即警告她把小咪暂时放下，这个粗心的人却只是笑我多虑。

平日里非常温顺的花猫在一瞬间积聚起巨大的爆发力，向阿姨直扑过去，它的爪子是完全打开的，它的牙齿是锋利的尖刀。几步之间，它就迅速地爬上了阿姨上半身，一只爪子已经开始去控制阿姨的头部，另一只爪子已经高高举起，随时可能造成伤害。白猫在一旁以令人难以想象的默契在正面准备发起致命的攻击，它的叫声和目光同样令人胆战心惊，阿姨被吓得魂飞魄散。

我及时过来迅捷地在花猫头后一把抓住了它，并叫着白猫的名字，它们立时停了下来。白猫退后了几步，看着我，它要看我如何处理当前的局面。我没有立即训斥他们，而是把小猫放回了原处。两只大猫，似乎感激地看着我，也似有些歉疚。我用手顺着它们的毛轻抚它们的背，开始斥责它们，它们无言以对，终于平静了下来。

很多人懂狗但不懂猫，其实猫很通人性。猫这种动物是令我敬佩的。它们平时看起来有些怕人，但是子女是它们的底线，他捍卫这个底线的决心和胆力是人类所难及的。在这个关键时刻，它的迅猛、义无反顾，人类是无法抵挡的。相比之下，人类在威胁面前，却经常做出丧失原则的事情。人的骨头有时比猫要软。

我是猫的主人，但是我对猫的教训也必须是在其底线之内的。人与人之间恩情也是如此，我们对他人的恩情再大，也不能作为不尊重对方的理由。猫咪给我面子，条件是我得尊重她的根本利益。跟猫咪相处这么多年，他们信任我。所以我带小猫出门，它们也不会攻击，那是因为它相信我还会拿回来的。所以每次把小猫送人，我也都是让人偷偷地拿走。

写这篇文章的时候，花猫已经卧到了我的脚下，他们喜欢我。不写了，跟他们玩一会去吧。

我们为什么养宠物

秋深了，有宠物陪伴感觉特别温暖。

一

我们喜欢宠物并与它们嬉戏，仅仅是因为我们喜欢它们吗？

不是的。猫咪惹人喜爱只是这个过程的起因，而我们逗弄它们，跟它们游戏，总是会得到一个反馈，有了反馈，这个过程才算完成。这个反馈就是，猫咪因为我们的喜欢，而表现出了舒服或者满意的表情。

其实爱就是如此，单纯的施爱是耗散能量的，而当我们感受到被爱的对象因我们的爱而快乐时，我们的施爱不仅没有耗散我们的精神相反使我们感觉自己更有力量。这就是老子说的"既以与人，己愈多"的一个例证。

二

很多人一生都在旁观，直到生命终结也未曾真正体验生活。

就拿养宠物来说，有些人羡慕别人养宠物，自己却从未养过。他们永远不会知道养宠物的意义不光是取悦自己。

狗的寿命只有十余年，深厚的感情刚刚建立就要面临死别，个中伤悲外人不知。在这十年里，你不仅得喂养它，给它洗澡，陪它玩耍，训练它让它适应自己的生活习惯，每年还得带它打预防针。某天他咬了别人家的狗、吓着了谁，你还得去赔礼道歉。这都不算啥，某天夜里突然发现它打蔫，你还得急着开车去医院，做个 B 超或手术都不是新鲜事儿。如果病情一直不见好转，你还要召集一批养狗的朋友来家里或在网上、群里会诊。

当然，快乐才是最重要的，当你伴着它，它伴着你，你的眼神和那忠诚的眼神一碰，这一切又算得了什么呢？更甭说朝朝暮暮跟你厮守，这份义气有几人能比呢？

夫妻之间的"感受"就是道理

卸掉所有的防备和面具，面对至亲，如何涵养自己那颗真心？换句话说，处理夫妻关系就是一场修行。

一

男孩在成长为男人的过程中，必修且很难及格的一门课就是夫妻关系，其他各种社交经验、能力在这里都没用。

一段优质夫妻关系是由双方共同塑造的。任何一方企图改造对方都不会有好结果，对方会在被爱的感受中变得比以前更强大，并在这种感受中经历自我主导的蜕变。

二

"我和太太之间出现了一点问题。最近她老是因为一些子虚乌有的事跟我抱怨，提出有些不切实际的要求。不要我这样，不许我那样，说我不顾她的感受。"

丹葆：夫妻之间，彼此的"感受"就是道理，照顾对方的感受是我们应尽的义务。"感受"好坏就是情感尺度。我觉得你应该多体会她的感受。

"但是她有些抱怨是钻了牛角尖的。"

我觉得你们彼此都在要求对方"不要如何",用负面的话议论和评价对方。你们为何不尝试改变思维角度和方向,各自思考一下:"我们可以为这一份感情做点什么?"

不再聚焦于要求、批评对方,大家都想一想能够为"这份感情"做点什么。为了让那种"感受"变得更好,大家各自做些积极的努力。

三

夫妻之间互相伤害的力量主要来自三个方面:失望、委屈、冤枉。这种伤害造成的后果是:两败俱伤、制造出令自己后悔的冤案。

我看过很多夫妻之间闹矛盾,他们"斗争"的目的都是要战胜对方。他们忘记了,胜利应该是得回爱情。多数情况都是在一方"胜利"后,关系遭受了重创。

不要求对方"宽容""大度",自己主动宽容、大度,这就是处理夫妻情感问题的特殊之处。

四

"现在我身边很多朋友的家庭,夫妻关系不和谐,夫人很嚣张。"

女人需要明白,仰慕先生才能得到值得仰慕的先生;男人需要明白,宠爱太太才能获得值得宠爱的太太。

一开始的选择很重要。一旦开始,就别无选择,接下来的事就是修行了。夫妻关系是一种修行,家庭和美是一种大成就。事业成功的不少,家庭和美的不多。

开个玩笑,如果说事业成功是西天取经路上战胜了艰难险阻,那么家庭和美的境界就相当于成佛。

世俗中有极乐

一

不去参透享受的层次，而害怕享受、排斥享受，是在为"无意识的愁苦"辩解，正在无意中成为困境的俘虏。急辩者穷困，不必在意你在说什么，而是要意识到你说话的动机（某种潜在的需要控制着你）。

告诫人们苦行得乐，这不过是一个法门。这安慰了困穷者，警醒了不求精进的痴人。但你得晓得"得脱离"者均是沉浸在幸福中的人（去看每一尊佛像的容颜，去体会每一位智者的雍容无争）。享受不是一种追求，不是一种导向，而是一种状态。在俗世当中生活，应有如水之德，以不争为要义。不争，不是顺随世俗，也不是遗世独立，而是顺其自然地融入并在融入中实现独立和卓越（不是在对抗中获胜）。

二

不要把幸福的事情都寄托于来世，现世即有极乐。愁苦、怨恨、不满，否定世间的美好，否定世间可有极乐，都是"有争"的表现。

要做到与世无争的顺随，你需要通过为社会创造价值——参与到社会的基本经济活动中，而不至于沦为一个乞食者和被边缘化的角色——你应该基本实现财务自由。千万不要拜金，因为其中有恶；也千万不要仇富，因为只要有点本事，赚点养活自己的小钱不难。

要做到无争的顺随，你无须每每以革命者、拯救者的身份出现而弄得人际关系很紧张。真正的拯救是无形的，是通过以身作则，春风化雨，有了人缘才好说话。

要做到无争的顺随，你必须是体魄健康的。这不仅因为身体健康就会有助于精神健康，还由于好好地活着也是一种责任，履行这种责任也是面对自然规律的无争。

要做到无争的顺随，你还需要精进的态度，去不断追求境界的提升，把注意力放在精进上，不去纠结于自己的天资有多少。

三

好人缘、富裕、健康、智慧，都不是刻意去追求的目的，是状态，是正念、正行的自然结果。而这个状态是足可享受的、让人感到幸福的。不要害怕享受，拒绝享受，除非你觉得它离你太远（这样你会不自觉地从其反面定位自己生存的意义）。

还有一条道理：能为自己找到乐趣的人（兴趣、爱好等），通常是阳光的、可爱的。当然这里也有层次之分。沉浸在幸福中的人不会作恶，懂得享受的人雍容大度。

"渺小"的幸福

一

童年的幸福很大程度上来源于我们的"渺小"。

随着我们的阅历日渐增加、经验日渐积累、知识丰富、财富日渐增长、人脉日渐广阔，这个世界似乎变得越来越小了，生活也随之变得索然无味。儿时对未来所抱有的那份憧憬，对万物所持的遐想，对周边一切的神秘感觉，对大人物的敬畏，对很多事物不知深浅的猜测，这一切能够带来美妙体验的东西逐渐被岁月、被世俗所谓的成功消磨殆尽。社会名流往往都很傲慢，他们唯一的乐趣就是炫耀他们的成功、优越和可以为所欲为的力量。即使他们也做慈善，但也必往往带有功利性，至少是出于表演欲。为事业忘我奋斗的人也是快乐的，但可怕的是终有停下来的那一天。

修炼是一个可以使自己即使不能保持渺小也可以减少傲慢的功夫。但这太神圣，不算是最好的路径。"游戏"才是最好的路径，在游戏中你会拥有最佳的心态，你可以去建立爱好，从而加入一些圈子。圈子是成年人给自己建设的"类童年城堡"。你也可以独自去做一些使自己感觉足够有趣的事情，比如种花、养狗、收藏点什么。

二

玩烟斗真的不错，但这对太有钱的人不算乐趣。当你喜欢什么就能得到什么时，那就没意思了。喜欢，但求之不得，或者可以通过努力来获得，而在努力的过程中又发现新的乐趣。我喜欢烟斗，它可以把我带回儿时的心境。不仅一大帮斗友可以玩到一起，大家毫无功利之心和等级之分，而且一把你所钟爱的烟斗往往求之不得。

我对烟斗的态度从来与他们不同，我不在乎烟斗是否能增值，我也不十分在乎烟斗是否具有很高的艺术性，我只在乎拿着什么样的烟斗让我舒服。别人的注意力在烟斗上，我却忘情于我和烟斗之间的感觉。

心能转境

一

人之一生，无论是在身体层面还是在心理层面，都如同一出戏剧。身体由稚嫩到强盛，再到衰微直至消亡，心理由天真到好奇，由热情到乏味，终至厌倦。

身体的变化、心理的历程，都遵循着这个剧本。人到底活多久，就取决于你这剧本的节奏。

这场戏能演多久，其实并不重要，重要的是剧本的质量。有很多人的人生剧本要么是毫无新意的老套剧情，要么是毫无趣味又冗长的无聊剧情。活到五十岁，起码应该了解生死节奏与剧本的关系，生命贵贱与剧本的关系。

二

所谓心能转境，就是说有本事的人不会抱怨他人、生时与环境，他能凭心力过出一段美丽人生。

一个人对于你，他是"什么"或者"不是什么"，都不是由他决定的。你从骨子里没把他当什么，他也就成不了什么。

当一个人总是遇到坏运气、碰到坏人，那么这个"坏"，一定是获得了你的默许。

　　一个豁达的人，即使走夜路都遇不到坏人，更不要说被坏人折磨。坏事到了他那里都会阴差阳错、百转千回，最后成了好事。

　　在你眼中"他"是什么，其实是"他与你的关系"，而非他的属性。你把对他的评价投射成他的形象，你以为这是他的本来面目，却不知道这跟你的感受、观察有关。

你的抑郁不是"抑郁症"

人们对生活是否满意，不是由绝对的物质数量或品质决定的。人们精神生活的质量，取决于自己是否比旁人过得更好。社会从来都是分为不同层次的，人们身份认知首要来自阶层。大多数人的人格停留在马斯洛需求层次的部分，难以达到自我实现的境界。

幸福可以非常简单

您为什么说"一人荣耀尽在一颗心的模样"？

丹蕨：幸福可以非常简单！门槛很低，路径短而且直，到来得快并且稳、停留得久，就是简单。制造抑郁的路径复杂、悠长、分叉、断断续续，抑郁给自己赋能，就是薄福。

简单的人笑声透亮，悲苦的人笑声中暗藏哽咽。

有一种牢笼让人难以离开。离开它的多数死了，留在里边的则颓废了。不过那些冲出去没死的，都获得了飞翔的能力。

治疗抑郁的良方

一个人抑郁，不一定就是焦虑所致。人的性情中创造乐趣的因子不多。那种表面上快乐而内心浮躁之人，内心是寂寞的。

流行文化其实很多都是乏味的，同时也是我们不能脱离的东西。跟紧了会得病，脱离了也会得病。

我不承认医生所定义的"抑郁症"，因为大多数人都有不同程度的神志不清（多见于中老年）、愤世嫉俗、面色灰暗、消化不良的症状。这不是抑郁症，而是人格不够健全，需要完善。

读书，再伴以适度的户外挑战性训练，一些抑郁症状很快就会消失——还你一个合格的人格。

"不再嫉妒年轻人的财富、地位，不羡慕同龄人的成功，不抱怨儿女和社会，平时发出大笑的频率增多，体力增强、容颜红润、幽默可爱……"

这就是认真读书的效果。

子女教育：责任和爱的误区

人生甚短，嘚瑟不了几年，青春就没了。不踏实、不谦虚、不珍惜怎么行？

孩子既是未来，更是当下

孩子既是未来，更是当下。子女需要教育，但教育什么？如何教育？

现在很多老师的现状不仅是不通教育规律，连起码的爱心都没有。

其实是被普遍认可的说法，这个说法，成就了他们忽视教育的无知毛病。他们不明白：孩子就是现在，孩子不仅仅需要学习知识，孩子不是将来去工作了才成为社会的成员，孩子是重要的社会成员，他也需要快乐和被认可。

把孩子当成单纯的知识和命令的受体，是绝对错误的。因为你在他小时候、成长过程中对他的态度，塑造了他成人之后的心理文化的重要输入，这比那些所谓的知识对他所造成的影响更大。

我们不去关怀孩子，他们长大后怎会关怀他人？我们若不平等对待他们，这个社会还有希望变得更好吗？

家长该如何教育的几大误区

1. 总想外包责任

家长把对孩子的期望当成了意欲要实现的目标，于是指望通过钱来解决问题，把孩子送入一所花费多点的学校，花钱请个家教，花钱买点设备，然后等着结果出现。这对孩子有两大不利：第一，孩子在家中被指责的机会一定更多了；第二，孩子感受不到亲情（靠亲子共处的耐心与时间来维系）。教育不能外包，教育是在爱和共处中完成的过程。

2. "在需要的时候教育"

孩子犯了错误就会一味地指责他们，有事情的时候才给孩子下命令，平时很少理会孩子。教育是言传身教、耳濡目染、潜移默化，教育是让孩子在爱的感受中完成的心理与思维、习惯的形塑过程。教育就是与子女一起生活，度过生命中最温馨的时光。你是子女成长的主要责任人、见证人、参与者。

3. 虚荣心

虚荣心是假教育，把世俗评价看得比孩子幸福还重要。

4. 自以为是

"自以为是"是很多家长的普遍毛病。家长把自己当师爷，欺负孩子小不懂事，乱吹、瞎侃、胡乱支招。家长剥夺孩子思维与做出判断的自主权，会给孩子的成长带来很大危害。

5. 因为怕孩子吃亏，就教孩子过度自我保护的方法。孩子从小就会很小气。

6. 溺爱。通过溺爱孩子，逃避教育、约束、引导的责任，只为获得暂时的"和谐"。

7. 企图通过孩子实现自己未竟的理想，给孩子制造无端压力。

8. 抱持狭隘的成功观念。这使其一开始从理念上就远离了幸福的本质。

9. 低情智。在根本理解不了问题的情况下，乱发脾气。

子女教育的要点

1. 用心相处。仔细听孩子说话，跟他们讲话有耐心，会向他们提问，有赞美、跟他们对话、对他们质疑要出自真心。

2. 平等心态，伙伴关系。父母不是警察，有事多与孩子商量，处理矛盾讲原则，尊重孩子的权利。包括早恋、不小心接触了恶习，都要对他们有耐心，以原则施教。不是服从父母，而是服从原则。

3. 教练辅导。最重要的是教会孩子如何面对困难。很多孩子开始都是很好的，后来遇到一点问题，由于没有得到理解和必要的支持，后来便一败涂地。因此，这点最要紧。孩子需要拥有积极面对问题的心态，孩子需要得到的反馈来提升信心，要让孩子在遇到难题的时候敢于大大方方地求救（前提是大人给他安全感、信任感）。

4. 共同承担后果。不要让孩子单独面对不利结果，要说"我们一起面对，一起想办法如何？"在积极的局面下鼓励孩子独立担当；家首先是避风港，在最困难局面出现时，比如孩子在外面受了处罚，先要稳定下来再冷静面对，消除恐惧再去分析原因。在威胁消除之后，再来培养他承担责任的勇气。

5. 目标设定，价值观教育。要达成的目标主要是：具备责任感、道德同理心，尊重他人，体会一切境遇的积极面，注重好习惯的养成，但允许个性的发展（一切失误和复杂体验都是必要的，千万别相信"赢在起跑点"的鬼话，温室中几乎长不出栋梁），做事要有始有终，干什么都得有个结果，不能想干就干、想扔就扔，得有那么点管理意识。

6. 享受生活，一起共同体验好时光的记忆。生活重要的是要随意些，别那么多规矩，该放纵一下，就别摆架子，过点"务虚"的生活才有劲，这样你跟孩子才像哥们儿。千万记住：人生最大的幸福是全家安全健康，切忌妄贪失乐，除了努力还要学会知足。

7. 境界分享。偶尔尝试与孩子欣赏些高雅的艺术，对音乐、对美、对收藏、对生活中的美好，多多在一起分享彼此的各种感觉，分享见解。让快乐放大，使其在家中弥漫。

没有自己治不好的病

一

一位朋友刚刚做完手术，身体虚弱。我给他的建议是：改变生活状态，有些疾病就会离开。

如何改变？从哪里开始呢？从改变接触的人群开始！

尽量不要多接触追求成功的人或已经"成功"的人，避免接触痴迷养生的人。这两类人往往会引发你的抑郁情绪。

我还说了一条信念：没有自己治不好的病。好医生也需要好病人。

"保健养生"之所以长盛不衰，是因为有三大因素支撑它：

第一，抑郁人群众多（疑病心理）；

第二，企图绕过锻炼、养成好习惯获得健康的侥幸、懒惰心理；

第三，骗子、假中医、各种商家的推波助澜。

真正的养生，应该是多锻炼、少惹事、参加各种健康的娱乐活动、喜欢阅读、做点正经生意。

很少有人了解，做点正经生意可以养生，企业家在盈利的时候很少抑郁。大企业家在风头正盛之时得病，一般是因为资金链中有隐忧、核心能力匮乏、领导力不能胜任。堂堂正正赚钱不容易，所以赚钱本身是非常好的，其养生效果堪比下围棋。

二

所谓健身，所谓养生，首要是心肺功能好，体能充沛，信心自然会足。心肺功能是体能的关键，当心肺足够强大时，其余脏腑也会随之改变。心肺训练的最佳方式就是跑步，老年人可以带护膝慢跑。跑步是锻炼心肺最好的方法，心肺健康可以带动全身健康状况。另外，跑步的震动还可以促进淋巴循环，改善脾脏功能。

坚持慢跑的效果比走路强百倍，其次是拉伸，弯腰、抬腿、劈腿等，保持关节灵活非常重要，全身灵活不仅有益于肝肾，最重要的是能改善心情。

一个人的健康状况，跟自己对身体的信心密切相关。因此，力量训练也特别重要，有力气就不回避各种动作、任务，生活态度也会更积极。可以通过每天做仰卧起坐、俯卧撑、引体向上以及打沙包等来锻炼力量。有力量，就有底气，尤其是保持一定的爆发力，心就不会老。

更小众、更重要的方式是敛定，心神不散就更精神。每天打坐，哪怕只有十几分钟，高质量的冥想，会让人安详、心思缜密、隔离烦扰。

家味儿

一

人们心中都有一个为"家"而留的角落，这个角落是儒家思想中立世的基础，也是个体修身达到完满的象征。和谐社会何谓也？百姓有家，家庭安稳。家不齐，人的心灵结构就残缺不全。美好的人生首先要有一个好的家庭，好的家庭首先就是有爱、有关怀。

物质条件非常重要，但不是最重要的。一切都可以去争取，即使拥有的不多也能忍受，然而如果家中少爱、有恨、有愧、有缺憾，就不容易忍受了。为了一张卡片有些夫妻就分居多年，为了所谓的教育就把幼小的孩子扔到千里之外，为了买房就可以把结婚关系解除掉，为了一间房子的继承权就骨肉相残。真是本末倒置。

二

"老师说经营婚姻的首要信念就是'不分开'？"

我能够理解那些"分开"了的家庭。但是婚姻的底层信念就是"不分开"。包括夫妻对双方父母的态度都要置于夫妻关系的后边，即使发生了激烈的争执都不能挑战"不分开"的铁律，也绝不能为了获得绿卡、移民而分离数年。

"夫妻关系难道就一定要从一而终吗？"

你想想，如果你的子女离异了，你会有何感受？这种换位思考有助于你理解自己当前的婚姻。否则等到多年以后，即使明白过来了也来不及了。年轻人任性往往会铸成大错，父母干涉子女的婚姻也是不明智的。

贪慕虚荣，或者以为可以牺牲婚姻换取人生进步的想法是有害的。一个内心强大的人，无论怎么过都能保持尊严。

三

"您怎么看单身或者丁克？"

每个人都有自己的人生，我祝福所有的人都能在自己选择的人生道路上过得幸福。人生有时就是这么过来了，甚至当前的境遇也是始料不及的，把握当下，认真、乐观地对待就好。

"老师还说夫妻之间的相互宠爱非常重要。"

这辈子最宠爱我们的人就是自己的妈妈！但妈妈不会陪我们到老，而我们对被爱的需求从来都在。夫妻之间的疼爱非常宝贵、非常难得。

"对他人、同事、朋友以及社会上其他不相识的人都应有一份热爱？"

这是孟子的思想，我们应该追随圣人。

有一种高贵，是你能够为没有血缘关系的人悲伤；有一种雍容，是你能为这么多人的烦恼操心；有一种慈祥，是你总能在他人急需帮助的时候出现。

"失去"带来的焦虑

一

马斯洛（六级）需求层次理论揭示的是人类心灵的三个层次：生理需求、社会需求、精神需求。临终前，他补充了第六层需求——审美需求。

大多数人的心灵被囚禁在"社会性"层面了，当他们讴歌从自然的压力中将自己解救出来的成就的时候，却被深深锁在了社会层级。大街上眉头紧蹙的人们，他们无暇享受自己"所有"的，而是为随时可能失去的感到焦虑，人们焦虑失去的并非财物，而是失去社会地位、身份和在人际关系中的价值感。

二

社会之网分配给人们的节点（位置）是动态的，这个位置随时可能失去，并且在个人情感上人们不能也不愿承受失去。人们焦虑的是这个位置的变动。在很多人心中，地球的灾难并不可怕，他们心中恐惧的是自己变得比别人更遭；得到丰足的财货并不幸福，让人快乐的是自己比旁人更优越一些。因为人们是根据这个相对位置确定彼此对视时刻的表情的，有优越感意味着你的头可以略微上扬，所看到的他人投来的目光更多是羡慕、仰慕，当然也有看不见的嫉妒。

你仔细观察就会发现，在高端消费场所的人的笑声中暗藏着压抑和克制，社会中快速变化的各种力量让人们无法真正放松。在节日庆典等各种喜庆场合的人们，因为活在社会性层面（没有升华到精神层面）而做不到爽朗通透，这种患得患失的心态使人们面容憔悴，很少有人在有生之年真正体验过陶渊明所书写的那种超脱境界。

苦不在了，乐就无从谈起

一

长身体，依靠的是粮食；

长功夫，依靠的是吃苦；

长善心，依靠的是忍受委屈和冤枉。

明白了这个道理，世上便再无"困难"二字。

苦不在了，乐就无从谈起。如若明白苦才是人生的常态，对乐也就不再执着。

智慧仅仅是个人所拥有的，它既无法传递，也无法用于改变自然规律。

但凡活在世上，就会有困惑，但是，有谁真的明白这种困惑是什么呢？

其实，当你深思就会发现问题的根源可以逐层剖析。当前所处的底部（困惑），就是此时境界的天花板。

天花板也如俄罗斯套娃，一层一层地突破它，终于或许有幸到达：自我，或许是困惑的根源。人们致力于如何巧妙解决困惑，而不知道一旦将它的底层逻辑理解透彻，便再无低级困惑。

人们并不知道自己的困惑，人们所谓的困惑不过是指一时的不如意。当他了解了自己真正的困惑，困惑就被突破了。

所以，世人常犯的错误有四种：舍近求远，因小失大，舍本逐末，捕风捉影（或缘木求鱼）。

二

我们的困惑究竟源自何处？如何一步一步深入探索它？如何在探索困惑的过程中提升自己的境界？如何体验深刻的欢喜？

做正确事情的理由通常都是事后才获得的，事前替我们做判断、做选择的是经验、习性与各种欲望和弱点。

如何活出内里优雅、庄严而外表随和、简单的精神面貌？

太多的人要么焦虑、苦恼，要么见人就怂，要么愤然终日，要么放不下自以为比别人更成功的虚架子，无法拥有像春风一般随和的精神面貌。

语音、语调，笔迹，才艺，身姿，步态，都属于精神面貌的一部分，洒脱、风趣、无畏、深刻，都源于同一个地方。

真正的聪明人，应思考如何把今生过得更有意思。

恋爱

一

"老"是那颗纯真之心的消逝，早熟或少年得志都是非常不幸的事，出名、成功对什么年龄的人来说都不是绝对的好事。若以纯真的消逝为代价，那么取得再大的成功都是得不偿失。一旦失去了诗意和浪漫，余生便少了很多光彩。

二

夫妻关系的处理还真是一种修炼，这辈子修得好的不多，尽管人人都有这个机会。没人告诉过我们，夫妻是"一体"的关系，夫妻首先需要合体，然后再论其他。夫妻关系跟五伦中的其他四伦比较，不是轻重关系，而是先决关系。破坏、威胁、瓦解、挑战这个合体的力量不少，关关难过。

夫妻双方代表各自原生家庭的立场，双方的利益诉求不同；夫妻二人各自的兴趣与个性的发展方向，在削弱合体的趋势；在子女教育方面的不同希冀、思路、关切，在动摇着彼此的默契；各种外部诱惑在提示着人们重新思考这种姻缘的唯一性。

智者所贵，其价值不在世俗眼中

一

世间最珍贵的东西，往往是被几乎所有人漠视、忽视或无视的。俗眼总是聚焦于浮华名誉，千百匹马也拉他不回。

我跟 Rovin 聊品牌，我说最近怎么感觉年轻人不怎么追求名牌了。就拿汽车来讲，奔驰、宝马已经不再独领风骚；拿越野车来讲，人们也不再那么崇拜大牌和奢侈品牌了。

Rovin 的观点让人吃惊，他说："过去是人因物贵，你只要穿名牌、开名车就是牛人；现在是物因人贵，只要你讲究、有品味，你用的东西就受人重视。现在讲究的人注重修为，用东西注重实用，考虑性价比，不再盲目追求。"

他继续说："油头粉面的土豪从豪车里钻出来，这车的形象就毁了。"

二

人因物贵的时代过去了？若果真如此，那是好事。

为什么有的人不需要奢侈品？为什么有的人特别需要保值增值的东西？这同样可以用马斯洛的需求层次理论来分析。

到底什么才是"身外之物"？道德高人为什么那么排斥身外之物？

身外之物就是权力及财富，就是荣耀（名声）。谁能轻易舍弃？庄子说，各种圣贤，各种成功人士，不过都是杂技高手，他们在名、利之间的平衡木上来回跳跃。

身外之物有两大功用：第一是提供享用，给人带来益处；第二是通过它赢得荣耀（别人的羡慕）。现在人们所谓的"成功""好生活"都是凭借身外之物带来的。

乐观向阳，人生值得

　　我们知道自己不喜欢什么，却不一定知道自己究竟喜欢什么。因为"喜欢"尤其是"真心喜欢"是在一个过程中发展出来的，并且发展出来的兴趣，有很多是你曾经不喜欢的。这就是有福之人所具备的开放性智慧。

一

　　癌症的威力，至少一半来自它带来的恐惧。如果我们对它无惧，任由天命，那么癌症远没有那么可怕。癌症的死亡率，与人们对它的恐惧密切相关，恐惧与由恐惧引发的焦虑、情绪低沉使危险增加了一倍以上。

　　人们由于害怕和不喜欢某些事物，而备受来自它们的摧残。同样，喜欢什么也会影响我们的命运，因此，当我们真正找到了"对"的东西就会因此受益。

二

　　或可将人生比喻为一个美丽的肥皂泡，因为它势必在可预期的期限内破灭。这不是悲哀，而是一种智慧的起点。

　　你需要立即动手去做那些不得不做或很重要的事、尽管当前不喜欢它、认为它无聊或没趣。

一旦做起来，就不存在"不喜欢"和"没趣"的事了，我必须把它干成自己喜欢、觉得有趣的事，我还要享受这个过程。

做到了这两点，今生你要想不成功都难。

三

我说：师父自己有一百个模样，但是我常需要一个模样来面对冷酷的世界。你无法选择世界，但记住：你可以通过自己的强大而把日子过好。

我说：不要奢求别人理解你的错误、弱点，要通过接下来的努力把世人对你的尊敬开拓出来。

时间和径程是两大魔术师，把感受放进去，就会生出东西来。而具体生成什么，径程自有它的道理，时间也有它的公正，如果心思杂乱，往往会适得其反。

第八章

艺术赏鉴

物件里的厚味儿

"厚味儿"是个什么味儿?

不说厚味儿,先说苦味儿。老男人喜欢的东西里都有股子苦味儿。烟苦,酒苦,茶苦,烧出来的汤也是苦的。

厚味儿就是在大家喜闻乐见的滋味中又掺了苦味。那"苦"是年深日久沉淀而来的苦,是不能言或不必言的苦,是不以为苦反以为乐的苦。厚味儿一定有年岁的味道。

一

一般"待人"讲得较多,而对"接物"讲得较少。"物"里边有一个小分支有大趣味,那就是生活中的物件。你与你所用、所爱、所把玩的物件之间的关联,并非只有使用功能。你与这些物件之间存在着交流,因而你所用、所喜欢的物件透露了你的心趣,它们也造就着你。老物件与新物件带给心灵的温度不一样,匠心独运的作品与快消品不一样,祖母留下的铁勺与请黄晓明做广告代言人的双立人不一样。

雪茄、烟斗和旧版书,它们带给你的感受不一样,古曲和老版美国乡村音乐带给你的感受也不一样。

养心,都在造次之间。

新物件也可以是有厚度的，这主要是由蕴含在其制作过程中的工匠精神决定的。

人们所推崇的古风、古意，不一定就是旧的，也不是指古代轻浮之辈，尚古就是推崇质朴、厚重、沉稳，心灵深邃。

二

"我是极富鉴赏力的，我在艺术尤其是书画鉴赏方面眼光过人。"这是昨天以前我心中的自我信念。

刘凡中非常明白但也讲不清楚的一句话"没有大文化打底，一切艺术都没有根基"，我终于算是明白了。

"大文化"底子上发出来的不仅仅是一股厚味儿，还有那种又旧又新的生机充盈而不朽的灵气，打个比方就是"带包浆的杰出新品"。跟它比较，很多华而不实的美丽都会立即散架。

有些话不虚，只是能听到的人不多。

有些话听起来"空"，是因为你缺少把它充实起来的底蕴。

三

艺术品与工艺品的差别在于：工艺品的深度在于工匠手艺的精湛，不仅仅是对外形的把握，更能在作品中展现其匠心独运。艺术品的魅力在于变化，虽三日不得尽观其色，所谓鉴赏就是心意伴随作品气韵流淌和徜徉。匠品贵在精而能拙，艺品贵在变化中的厚味儿。艺术家的灵气七分在心、三分在手，而工艺大匠则是五五开。

诗歌所发必自真心

假期的最后一天，继续赏诗。

一

写景的诗大致可以分为三种：一是写景，一是抒禅机，一是寓禅于景。

写景，最考验人的"心力"。独具慧眼，察人所不见，才能写出好诗。"妙心绘图，善德执笔"，一句好诗，并非全然由于出色的语言功夫，更在于诗人有一颗慧心。

禅机，最依赖于妙语。诗歌的语言恰可搭桥，建出一种联系，等待知音的共鸣。诗词这两类文体的妙趣就在这个飞白。构思诗词，无非是为了成全这个飞白，好比水杯再美也不过为了中间的虚空。

寓禅于景，看似写景，实如指月。王维、陶渊明都是个擅长此道的高人，如"行到水穷处，坐看云起时"。

诗歌的平仄很重要，因为它的起伏变化关乎诗歌的节奏和流畅度。不过古音和今音如今已大不同。不仅旧音已改，方言也乱。所以即使当时各地诗人也是逐意境为根本，如能把握平也不必拘泥。

如今诗歌衰落，一方面是因为人们忙碌焦虑而难生诗情，诗情的培养贵在"琢磨"。另一方面是因为给自己设限。诗情本如流水，顺其自然，便能慢慢提升。有天赋的人稍加练习就能大有进步，没天赋的人也不是靠条条框框的束缚来提升的。

二

诗词首先是境界，其次是形式。写诗不是因为喜欢这个格式，而是通过这个形式表现散文无法表现的境界。于是，直而不隔、玄而不脱就成了诗歌写作的标准，至于格律、对仗则是锦上添花了。毫不造作、营造意境是诗的基础，所要表现的境界质量代表了诗人的水平。

我从初中二年级（当时学校要求背诵四十首古诗词）开始学写格律诗词，后来全放弃了。不仅因为唐诗的音韵已经变化很大，更因为我发现格式过于优美到了甜腻的程度时，反而破坏了诗词本身。

清代有人编辑了一本古诗集，从毛诗、唐宋诗词、乐府诗以外整理散落的佳句，从中可以看出超越格式的质朴、境界、智慧。

格律是有趣的，至少它使诗歌朗朗上口。但这只是形式，诗歌的本质在于毫不造作的气质和诗词独有的幽美、微妙、隽永的境界。

三

诗没有明确的起源，它源于无尽的时间中的有感而发。兴起，言志，抒怀之语就是诗篇。这是从两方面说，一是发于真性实情，二是内容，诗歌所发必是真心。正因为有这两条，孔子便把古人的至朴诗歌当作取类比象、领悟大道的源泉。

诗当然也有品类，而一落品类人们便可相互切磋。因此人们逐渐开始发掘、领悟而后"规定"了一些"规则"。这些规则（比如对仗），一来使隐喻更易显明，二来更易吟诵，并且更易记，更易触动心灵。诗的境界也因这些"规矩"变得更优雅。

"我没有创作什么，大卫就在那里！"

本周是"玩物长志"周。

聆听了音乐篇章的旋律，领略过物件中的厚味儿，今天谈艺术品。

要谈艺术鉴赏，先谈艺术创作。

艺术创作不是艺术家专属权利。情爱关系是一件艺术品，领导是一门艺术，每个人的一生都是一件艺术品，我们每个人都在勾勒、打磨自己的作品，表达内心深处的生命意志。

有时会自问：从事创作这么多年，摸着些门道了吗？

一

创作的过程是怎样的？一辈子哪怕有过一次能够记住的创作体会，也是弥足珍贵的。然而，事实是这样的人、这样的体会很少。

艺术作为创作的产物其实极为稀少，为人们所热捧的、流行的基本都是技术性的作品。这个不幸，而不被当成不幸的现实，根源于市场或者说鉴赏者尤其是有权势的鉴赏者根本不知道其实自己并不懂。

那么什么是创作过程呢？那些技术性过程又是怎样的呢？给出这些回答是要冒风险的，因为你会遭到不懂艺术的"艺术家"和大众的合伙攻击。因为你的话如果道出了真谛，那么它就绝对不会获得大多数人的认同。

创作过程是不受理性控制的，不受控制当然也就不可重复，必然事关心性，即使久经训练也是自然流淌，并且由心境触发的。功夫之厚，意念之纯，实境所触之诚，才气之灵……艺术就是语言出现之前，目的达成的刹那之前，人神不二状态的写真。

二

很多专家对米开朗基罗关于创作雕塑《大卫》的话津津乐道。当人问"你是如何构思、创作了作品大卫石雕的形象"，米开朗基罗说，"我没有创作什么，大卫就在那里！我不过是把不属于大卫的部分去掉了"。

很多人都将这句话理解为艺术家的创作过程是在复现着心中既有的形象，这是一个低级错误。

如果稍懂艺术，如果亲身经历过创作过程，如果真的进入了艺术家的创作过程，就会明白：大卫的形象是既有的，然而不在艺术家创作之前、创作过程当中的心里、意识里。这个既有的大卫是自然的，对艺术家来说是自然的，艺术家没有造作而只是顺着某种指引在探索，使自己的作品与之契合。这才是艺术创作过程的真相，否则艺术创作过程就成了有先见之明的高人的技术活儿、手艺活儿。

三

当艺术家跟你说他的作品"不过是随便涂抹"的时候，你不要以为他是在谦虚。他确实就是随意涂涂抹抹，只不过他的涂抹创造出了其他人难以企及的美。随意，这是艺术家创作的状态。

艺术创作力的出现，有时或者常常是你所不知道的。当你涂抹一阵，揉搓着画纸准备扔掉的时候，也许你会在剩余的空间里再随便涂抹最后一笔，此刻奇迹出现了：就在你放弃了创作意识，纯粹涂鸦的一刻，真正的艺术出现了。就在这一刻，你惊奇地发现你已经具备了如此的水平，并且它不在你的控制之下。

艺术不是"能"之力，而是"心"之能。

四

我们对于世界、事物的印象是"清晰而笼统"的，只有专业画者才能通过记忆把印象具体描绘出来，如此就可以轻而易举作画。速写、素描、水墨、油画、水彩等等，都分别发展了一套独特的技法。通过这些技法可以把印象表现得非常逼真。

艺术家通过写真再现事物，是无法满足他的创造力的。因为事物、世界从来都是通过他自己的情感、态度折射而呈现给他的，艺术家需要把它传递出去。于是他们不再把绘画当成一种写实的平面化工作，他们把世界、景物仅仅作为一种寄托，他们的作品开始表达对世界的看法、情感、思想，他们不再用眼而是用心灵、头脑看世界。这时的艺术家也分化出来不同的精神层次。

再接着，大艺术家已经忍受不了图片化再现世界的工作，他们开始用艺术独到的优势去表现哲学所不能胜任的灵魂感受力，他们宣称世界、人性拥有与视觉所捕捉到的完全不同的模样。

艺术作品都是半成品

我们为什么喜爱艺术？我们为何会被一首诗打动，会在一幅画前流连？除了附庸风雅（这也不是坏事），艺术作品里一定藏着能够洗涤灵魂的秘密。而艺术又是那么容易亲近，比起哲学、科学和宗教，欣赏艺术的门槛似乎很低。

伟大的艺术作品都是"浑然天成"的。可你知道吗？作品面前的你也是那"浑然天成"的一部分。就像卞之琳写给张允和的那首诗《断章》：

你站在桥上看风景，

看风景的人在楼上看你。

明月装饰了你的窗子，

你装饰了别人的梦。

一

读懂艺术品不太容易。人们可以轻易地表达喜欢或不喜欢的态度，或者提出作品留给你的印象。在这个感受和印象之外，你没有更多的东西，于是外行的自信就变得非常坚固。

但是如果你保持对艺术品的观察，如果还适当地搞收藏或与它们近距离接触，并且不断与艺术家交朋友，甚至自己动手创作，几年过去、十几年过去、几十年过去，你会持续发现每一个几年以前，你都不曾发现过的东西。

懂艺术的人——我说的不是某些经年没有显现出悟性的人，也不是入道很浅的艺术天才——他们能够从作品看到属于作品和作者但作者不一定知道的东西。

有身份的、有钱的、有名望和地位的人，在旁人的尊敬中不知不觉就遗失了对艺术真谛的敬畏。他们轻率地发表意见，也不容易遭遇质疑。于是他们也会在高傲中蒙昧很久。

我对艺术的领悟、感受处在持续的进步中，但是这种进步的本质并非我对艺术的理解，而是在这个过程中艺术在对我进行的改造或者提升。在这个过程中，有如揭开了一层又一层的厚布，让我的心灵对言语、意识难以涉及的东西充分开放，意识的光谱扩展到了更广的视域。

面对艺术品，我经常会产生一段时间以前从不曾有过的感悟，经常发现比以前更多的东西，艺术品对我来说绝非仅仅是装饰品，艺术品就是转动的齿轮，打开着我的意识盲区而在那里大放光明。

懂艺术的人比懂哲学、科学的人更少。一来，艺术被很多人视为可有可无，至少不如哲学、科学那么"实用"；二来，在哲学、科学方面薄弱的人自知很无知，而艺术水平很低的人没有这个自觉，甚至还自以为不错。于是主动补习、提升艺术修养的人很少，很多家长还把艺术当成了对交际有帮助的才艺。

艺术里也有佛学说的"究竟"，它如科学、哲学中追求的至真，那就是人们嘴上挂着但心里不懂的"美"！

二

外行人看画首先就问"你画的是什么"，他们以为画家脑子里先有一物然后才动笔，评判其是否成功的标准就是"像与不像"。艺术家往往被一种冲动驱驰，中间受到某种平衡感指引，结束后才去看这是什么。

说艺术是一种语言，是因为它处在创作者与作品中间，处在创作者与鉴赏者中间，起到了表现与传递的作用。但绝不意味着它遵循语法。艺术既然传递了语言不能传递的，你就不要再用语言去评价它，只细细去体会就是了。

三

在我看来，微喷版画比照稍逊色一等的手绘，或者木版水印，甚至名作赝品，更缺乏价值。艺术品呈现在眼前的不是一种客观结构，它是有温度的，它上面带有的作者的气息乃至瑕疵、缺憾，这些都是有意义的。你无法跟它发生感应。

四

艺术鉴赏者面对的从来都是不完整的艺术品，艺术品需要他的参与才能最终完成。这个参与本身就是情趣的生成过程，可以说爱物者自身就是艺术品的一个组成部分。爱物者身上的趣味鲜活，他在鉴赏着一切的同时，自己也更富有艺术气息。

五

　　当我们谈艺术的时候，有多少人注意到了，除了作品、艺术家，还有鉴赏者，还有背景因素，他们处在同一个"场"中。

设计感

　　安藤忠雄在接受住吉的长屋设计委托时，他对房子主人说："居住有时是很严肃的事。既然委托我设计，我希望你也要有坚持住下去的信心。"

　　设计方案出来，争议一片。狭长的房子里，中庭一片空地。碰到下雨天，在通往厨房和厕所的路上总要淋几滴雨。

　　主人的生活习惯和设计师的意图，这两者间的博弈，在心宅的设计面前，就显得不那么重要了。

一

　　年轻设计师作品的缺陷是，人不在室内的时候正好。如果人进来了，这个设计效果就受到了不同程度的破坏。一句话，它是摆着看的。

　　我的室内设计理念是，这间房屋是"主人的世界"。人进来开始享受、使用它的时候，是它最美的时候。同时也是主人最自在舒服的时候。

　　所谓的"禅"意设计、极简主义，强调的都是产品的风格而非主人的个性。

二

进入一个空间，如果发现里面凌乱，人们就会说"这里缺乏设计感"；如果到了一个地方，你觉得很有"设计感"，那么它往往已经不太舒适。

高水平的设计不是在设计师的图纸上完成的，那张图纸策划了使用习惯，并把使用带来的后续效果纳入了最终的"设计谋略"。

最成功的设计，会让使用者淡忘设计师，使用者意识不到他们自己对效果的贡献，这也是设计师"暗中操纵"的结果。

或许设计师会说，"我理解使用者的行为，我顺应使用者的习惯，我把使用的痕迹当成了完成作品的必要组成部分"。

好的作品没有设计感。

三

设计师能够创造很多奇迹，但这种奇迹不算一流。一流奇迹，是那些住在平凡的房子里、处在平凡的环境中、只拥有平凡的地位还能过得精彩的人物。

当房子成为"家"的时候，主人和房子就融合在一起了，它的价值就不再由其中一种成分决定了。我仰慕的那种人，就是把碳原子炼成金刚石的人，把平凡的一切都能过出幸福味道的人是真正的成功人士。

杨绛说钱老师故意绕道从她窗前的湖边经过，他虽然看不见她，但可以让她看见他。读到这里，我的眼睛立即湿润了，这二老搭建的心宅太豪华美丽！怎样才能找到一位设计师帮我？我对着镜子问。

艺术秘境

　　处在创作过程中的艺术家与站在画前解释作品或者欣赏作品的艺术家不是同一个人。

　　这话不是故弄玄虚，而是真相。就如同现代物理学所说，粒子也是场中的涟漪，传播出去的粒子已然不是当初的它。

　　这是微观世界的真相，然而很少有人能真正弄懂。

　　如果能够把不懂装懂的人像剔肉一样剥离出去，再把对着画面自我矫情的人排除，你就会明白，艺术作品的主要部分在鉴赏过程中完成，也就是说，艺术创作最有价值的部分产生于鉴赏的过程中，而不在作品的创作过程里。鉴赏过程丰富、复杂，但同时又简单、单纯，"作品路径早就在那里了，所谓的艺术创作只是完成了一个到达秘境的完美路径"。而到达了秘境的人（鉴赏者）又把秘境之美投射给艺术作品，当艺术家因此大红大紫的时候，人们忘记了审美过程才是美的终极创造。

艺术的灵魂，是审美的突破

到底该如何鉴赏艺术？对这一问题，人们见仁见智！但我们要做到心中宽大、眼光锐利，而不是各说各话，都有道理。

如果一幅画落款书法不行，画就没机会成为上品！印章不行，也不行。不信你去看，仔细看，经年累月地看，字写不好的人也画不出好东西。

看画，第一眼看画工。画工不行，硬撑什么境界，不如干脆去写诗，你表达不了画面语言。但看画工，我首要看气韵。什么是气韵？如今美院国画系的才子画工精致，但无精神。过去艺术家作画有时潦草，有时仔细，但都是气韵流畅、落笔简单率直。日本回流的一批普通作品，都有这种精神。无论书法、绘画，我都极重视落笔立定，通篇一气呵成。

有了上面这些，最后才谈得上画面内容的意境。意境是最高级的审美标准，然而画工、气韵、意境的前后顺序非常重要。如今有一些画家，功夫不够，故意弄出境界，结果造作不堪。也有大批画家基本功、境界都不够，却靠颓废弥补。这些都不是艺术家该有的气象。

纵观东西方艺术，每个时代都有每个时代的大艺术家，每个时代都有每个时代的艺术形式与艺术风格。一旦有了艺术风格的社会共识，审美就会慢慢疲钝，就会呼唤新的突破。艺术突破针对的是审美模式，这种对意识的巨大冲击，就发生在既有审美模式的崩解、重建和升级过程中。

艺术鉴赏及其他

一

欣赏艺术作品，"专业"鉴赏家首先从流派入手。不从流派入手，就找不到理解他的技法、符号的"入口"；不从流派入手，也就无法理解这种风格在艺术历史上的比较意义。

但是大师就没有自己的一些独立、永恒的东西吗？也就是那些撇开历史，撇开流派的个人建树。听到这个提问，人们就会不假思索地回答："有！"

我要提醒的是，"专业"眼光是必需的，但是远远不够的。大师作品中的"永恒"，不是随便可以领略的。大师个人身上就有这种"制造永恒"的种子，同时并非所有的大师作品都能永恒。这其中常常混杂很多矛盾。

市场对大师的肯定是对其艺术成就的认可，他的那些一般性作品因为他的名气也得到了市场认可。不过市场没有能力、没有动力去区分这两种认可，人们只有通过价格衡量作品的地位。

大师注定是孤独的，但是其作品比大师本人更孤独。真正理解大师的人远比推崇他的人少，理解作品的人与理解大师的人相比更是少上加少。

意境不在字里行间

一

长假中去同里转了一下。在一画室见一画家，上前询问一幅书法作品的价格。不料，此人定要我回答为何只青睐此作品。

我深知书画艺人的脾性，不敢直说。诚恳询问之下，我顿生胆气，但我不去说那幅作品的卓越，而是述说了对其他作品不屑的缘由。岂料此人非但没有生气，反倒对我大加赞许。十几分钟的交谈，彼此已然十分热络，于是我又说了说对那件书法作品的看法。他告诉我，他再也没写出过那样的作品，的确像我所说，此字"心有定"矣。接下来，他又让我评论一幅山水作品，我也随意指出了一点破绽。伊拍案，连称知己。留了电话，相约日后再叙。我终于晓得此人是知名画家，已驰骋江湖数十载。

我已二十年不动笔墨，也只落个欣赏、批评的水准。虽能说出别人的不足，自己却写不出什么，也画不出什么了。

二

关于诗词赏析，很多大师写得足够清楚明白，王国维的《人间词话》、朱光潜的《诗论》都有卓尔不凡的见地。

虽然说"有境界自成高格",但我认为"有境界"只是入门水平,它是诗文必备的。"落日照大旗,马鸣风萧萧"寥寥数字,境界全出。但境界不在字里行间,而在汝心。这便是"平实"的不凡。我们似乎可以看见在夕阳的照耀下,尘土飞扬,血色大旗呼啦啦地扯动。战马嘶鸣,西风狂吼,映衬了健儿无惧马革裹尸的气概与悲凉。因此,有境界只是初级,境界背后的精神、气度,便是诗人的高明之处了。

"杨柳岸晓风残月",廖廖七个字境界已经跃然纸上,地点、时间、氛围全然包括。缠绵、残醉、凄怨混合在一起,塑造了词人复杂心境,这是一场纵情欢歌之后的爽然若失,这是一份难以自拔的颓废。柳永雄辩地告诉人们:出入青楼的才子未必淫邪,声色之间也有美好真性情。艺术家谈思想从来不从观念入手,而是让它润物无声地流淌至你的心田。

从"关关雎鸠"到"窈窕淑女,君子好逑",这份微妙更是极致。《诗经》就是如此了不起,它的前半段似乎与后面无关,其实这正是奇妙之趣所在。前半段提供的就是你欣赏后半段所需的心境,二者之间的"景异境同"也许只有那时纯朴的人们才能发觉。而这种发觉纯出于自然,可以肯定的是,当时的人对他们的天赋无所察觉,所以在《风》中的艺术境界并没有延伸到更加正式的《雅》《颂》。

后来的人对诗歌的对仗、韵律太在意了,也就失去了那种发自本性的诗意。其实只要你细心观察,《楚辞》比唐诗更有艺术成就。纯朴自然便是诗意的居所,但做到纯朴委实不易。纯朴便是真我,俗世真我的重新唤醒乃返璞归真,这需要放下,需要"得大自在"。

附　录

丹巖先生詩聯選

1. 金桂凭花陶香醉，
   我以甘心阅秋风。
   格局不择当下便，
   四时周转任成功。

2. 道空唯由实中现，
   妙法只从俗中来。
   俗中见妙空心道，
   实实在在即自然。

3. 门推清晨漫天雪，
   笑纳暖冬微微寒。
   莹莹菁华拍入地，
   共我羞约梅花怜。

4. 思曾何物酬来日，
   立定一笑是江山。
   百年相偕谁堪老，
   粗茶淡饭不胜欢。

5. 三年春光神画笔，
   葱翠推窗一夜新。
   异鸟十万相约醒，
   和鸣如雨唱天真。

6. 丹蕨十不养心歌
   病不欺人心。
   情不负仁德。
   天不亏谦逊。

道不拂精诚。

财不福悭吝。

名不誉非诚。

运不乖己命。

智不保奸佞。

官不吉贪慢。

利不荣贱人。

贤笃于钦明，

博厚于志诚。

7. 少年意气心中起，

手捧诗书不逊仙。

8. 山林灯火读书夜，

十万蛙鸣化雨凉。

9. 静如深潭，

动洽春风。

严能凛冽，

爱可销熔。

10. 身比梅枝最是严寒劲秀，

心若幽兰敢于无味说香。

11. 贪有功利聪明尽，

竞问慈悲直为谁。

12. 能闻无声真善耳，

可见无著是真心。

13. 以水喻道水非水，

借光象主指外真。
能指为桥堪为渡，
所指毕竟在异边。

14. 如来殿上，
炊烟贩者。
腾云驾雾，
从来为谁。

15. 知见立知相上生心，
知见立无无相真如。
未见中见不做风幡，
未知中知极妙当前。
伏惟生动大境唯空，
当下之真另一种无。

16. 读史略事能切境，
胜死读经悟异玄。
经生多易发妄慧，
不切俗伦道难圆。
悟力偏慧不克嗔，
布道多时自入茧。
断力虽急难为智，
师名锁缚悟道缘。

17. 成熟安稳真恣肆，
忘情不逾两青春。
从心所欲老张狂，

直心是道少安详。

18. 解铃无需系铃艺，
    只缘此铃已非彼。
    饭已煮熟飨圣贤，
    播撒生长另有米。

19. 千秋风物一堪听，
    困惑悬疑解于行。
    秘机话显心欲破，
    桃源不远隔一城。

20. 彼此原本相生事，
    共境方是通心桥。
    横来竖挡单人舞，
    事上无心凤还巢。

21. 重名节持义极浅，
    善天下智在渊深。
    扬善道诚正无为，
    斩奸邪彼恶作砧。

22. 只闻纠结说禅话，
    难见寡淡过生活。
    春水玉鉴留画意，
    丹翠妖娆不安闲。
    芽抽满枝活碧玉，
    隔日裁出新一天。
    天命以德酬君子，

何图有报在金缘。
断斩心魔七分勇，
且留三分在刚直。
到处都是活孔子，
竟无一人像颜回。
访修选址不随意，
老夫芒鞋费几双。

23. 利公德当发急愿，
牟名利应处淡然。
宣示法体恤温柔，
去贱污坚决果断。
揭人弊应从无我，
赞他人必发中间。
修学问求一真字，
友于人定要海涵。
谋事业专业严谨，
利他人更得当前。
讲话语力戒刻薄，
涉智慧必须庄严。
除愚陋方便止语，
迟接应回心力坚。
补德缺诉求百忍，
君子道就在直心。